"DeYoung lida com uma da[s questões mais importantes] de nossos dias: se nos conformaremos ao espírito da época ou se seguiremos a Cristo. Contra a revolução sexual e os seus sumos sacerdotes, DeYoung apresenta uma visão alternativa, a antiga sabedoria de uma ética sexual cristã. Este é o melhor livro que já li sobre o assunto. Todo cristão confrontado com estas questões, o que inclui todos os cristãos, deveria ler este livro. Ao terminar a leitura, você ficará melhor preparado para pregar o evangelho, amar os perdidos, receber alegremente os feridos e manter-se firme em favor de Jesus e de sua Palavra."

Russel D. Moore, presidente, *The Ethics & Religious Liberty Comission*; Autor, *Tempted and Tried*

"Todo aquele que está procurando uma abordagem acessível – de fácil leitura – dos fundamentos bíblicos da ética cristã tradicional, quanto ao casamento e sexo, fará bem em ler este livro. É claro, mas não simplista; judicioso, mas não obscuro; convicto, mas não arrogante."

Wesley Hill, professor assistente de Estudos Bíblicos, Trinity School for Ministry; autor, *Washed and Waiting: Reflections on Christian Faithfulness and Homosexuality*

"Este livro é um instrumento agradável, breve e pastoral com o qual todo cristão pode lidar com o inconstante panorama cultural da sexualidade e achar confiança e esperança na maneira como a Bíblia dirige nossos passos. DeYoung oferece apologética sábia e compreensível neste livro, provendo aos seus leitores tanto motivo quanto modelo de como pensar e falar sobre a homossexualidade e a fé cristã, de uma maneira que honra a Cristo e traz esperança para um mundo espectador."

Rosaria Butterfield, ex-professora de inglês na Syracuse University; Autora, *The Secret Thoughts of an Unlikely Convert*; Esposa de pastor, mãe e palestrante

"Que dom precioso é este livro para a igreja! Kevin aborda a árdua questão da sexualidade com compaixão, amor e clareza, nos mostrando o que a Palavra de Deus afirma sobre o assunto e por que ele é importante. Bem pesquisado, escrito de forma acessível e cheio do evangelho – este é, em minha opinião, o livro sobre este assunto para a nossa geração!"

J. D. Greear, pastor, *The Summit Church*, Durham; Autor, *Jesus, Continued... Why the Spirit Inside Is Better than Jesus Beside You*

"Um material excelente e agradável para pessoas leigas, em todo o caminhar da vida, que precisam de ajuda para dar sentido a uma das questões mais críticas e definidoras de nossos dias. Kevin DeYoung aborda este tema altamente controverso de uma maneira que é fiel à Escritura, sensível em termos pastorais, bem informada historicamente e consciente em termos culturais. Os riscos são enormes. Não podemos nos dar ao luxo de não entender o que Kevin nos apresenta tão proveitosamente neste livro."

Nancy Leigh DeMoss, autora e radialista, *Revive Our Hearts*

"Kevin DeYoung escreveu um tratado ótimo e fiel sobre a Bíblia e a prática homossexual para o frequentador de igreja normal. Sua obra aborda as principais questões e faz isso de maneira sucinta e coerente. Eu o recomendo."

Robert Gagnon, professor associado de Novo Testamento, *Pittsburg Theological Seminary*; autor, *The Bible and Homossexual Practice*

"Na calorosa atmosfera que cerca atualmente a discussão de cada aspecto da homossexualidade, o domínio mais importante em que necessitamos de pensamento criterioso e retórica prudente é o que a Bíblia diz e não diz sobre o assunto. Com sua clareza e objetividade costumeiras, Kevin DeYoung supre agora esta necessidade. Para os interessados em exegese cuidadosa de passagens relevantes e em discussão paciente de questões emergentes da exegese, exposta com brevidade e simplicidade, este é o melhor livro."

D. A. Carson, professor de pesquisa de Novo Testamento, *Trinity Evangelical Divinity School*

"DeYoung oferece um material imprescindível que aborda as questões bíblicas e teológicas importantes relacionadas à homossexualidade, enquanto mantém a leitura fácil e compreensível. Os Dez Compromissos, no final deste livro, revelam o amor pastoral de DeYoung e seu entendimento de que, apesar de nossas fraquezas e virtudes, devemos pregar o evangelho, esforçar-nos juntos por santidade e exaltar a Cristo acima de todas as coisas."

Chistopher Yuan, professor de Bíblia, palestrante, Autor, *Out of a Far Country: A Gay Son's Journey to God*

"Escrito com destreza, clareza e graça que costumamos esperar de DeYoung, este livro responde, item por item, à teologia revisionista que faz investidas até nos círculos mais conservadores. É o melhor material que todo seguidor de Cristo pode ter para responder ao desafio de homossexualidade na igreja."

Gregory Koukl, presidente de Stand to Reason, Autor, *Tactics and Relativism*

"Exegese consistente e redação concisa destacam este livro. Kevin DeYoung explica de maneira sucinta as principais passagens bíblicas e responde com clareza às principais objeções."

Marvin Olasky, editor-chefe, World News Group

D529q   DeYoung, Kevin, 1977-
         O que a Bíblia ensina sobre a homossexualidade / Kevin DeYoung ; [tradução: Francisco Wellington Ferreira] – São José dos Campos, SP : Fiel, 2015.

         200 p. ; 21 cm.
         Tradução de: What does the Bible teaches about homossexuality.
         Inclui referências bibliográficas.
         ISBN 9788581322988

         1. Homossexualismo na Bíblia. 2. Ética cristã. I. Título.

                                                CDD: 261.835766

Catalogação na publicação: Mariana C. de Melo – CRB07/6477

O que a Bíblia ensina sobre a homossexualidade?
Traduzido do original em inglês
What Does the Bible Really Teach about Homosexuality?
por Kevin DeYoung
Copyright ©2015 por Kevin DeYoung

■

Publicado por Crossway Books,
Um ministério de publicações de
Good News Publishers
1300 Crescent Street
Wheaton, Illinois 60187, USA.

Copyright © 2015 Editora Fiel
Primeira Edição em Português: 2015
Todos os direitos em língua portuguesa reservados por Editora Fiel da Missão Evangélica Literária

PROIBIDA A REPRODUÇÃO DESTE LIVRO POR QUAISQUER MEIOS, SEM A PERMISSÃO ESCRITA DOS EDITORES, SALVO EM BREVES CITAÇÕES, COM INDICAÇÃO DA FONTE.

■

Diretor: Tiago J. Santos Filho
Editor: Tiago J. Santos Filho
Tradução: Francisco Wellington Ferreira
Revisão: Elaine Regina O. Santos;
         Joel Bueche Lopes
Diagramação: Rubner Durais
Capa: Rubner Durais

ISBN impresso: 978-85-8132-298-8
ISBN e-book: 978-85-8132-304-6

Caixa Postal 1601
CEP: 12230-971
São José dos Campos, SP
PABX: (12) 3919-9999
www.editorafiel.com.br

Sumário

Introdução: O que a Bíblia ensina a respeito de tudo? 9

PARTE 1 – ENTENDENDO A PALAVRA DE DEUS

1 – Um homem, uma mulher, uma carne (Gênesis 1-2) 31

2 – Aquelas cidades infames (Gênesis 19) 43

3 – Levando a sério um livro estranho (Levítico 18, 20) 51

4 – O caminho dos romanos na direção errada (Romanos 1) 63

5 – Uma nova mensagem procedente de um velho lugar (1 Coríntios 6, 1 Timóteo 1) 75

PARTE 2 – RESPONDENDO A OBJEÇÕES

6 – "A Bíblia quase nunca menciona a homossexualidade" 89

7 – "Não esse tipo de homossexualidade" 99

8 – "E quanto a glutonaria e divórcio?" 111

9 – "A igreja deve ser um lugar para pessoas caídas" 121

10 – "Vocês estão no lado errado da História" 129

11 – "Não é justo" 137

12 – "O Deus que eu adoro é um Deus de amor" 153

Conclusão: Andando com Deus e andando uns com
os outros em verdade e graça 163

Apêndice 1: E quanto ao casamento homossexual?...................173

Apêndice 2: Atração homossexual: três bases...........................183

Apêndice 3: A igreja e a homossexualidade: dez compromissos. 189

Agradecimentos... 193

INTRODUÇÃO

O QUE A BÍBLIA ENSINA A RESPEITO DE TUDO?

"**O** que a Bíblia ensina a respeito de homossexualidade?" é uma pergunta que está relacionada a muitas coisas importantes. Está relacionada à opinião de Jesus sobre o casamento, ao ensino de Romanos 1, ao pecado de Gênesis 19 (qualquer que tenha sido) e à relevância permanente (ou não) das leis que achamos em Levítico. Está relacionada ao significado de algumas palavras gregas debatidas e ao significado de procriação. Está relacionada ao comportamento homossexual no mundo antigo e a se a natureza da individualidade e da satisfação pessoal é definida por expressão sexual. Está relacionada ao modo como mudamos, o que podemos mudar e o que não. Está relacionada a temas importantes como amor, santidade e justiça. Está relacionada às mágoas, esperanças, temores, anseios, deveres e desejos de uma pessoa. Está relacionada à fé, ao arrependimento, ao céu, ao inferno e a centenas de outras coisas.

No entanto, antes de examiná-la de perto, devemos assegurar-nos de que estamos considerando o mesmo assunto geral. Como é muito frequente no caso de questões controversas, nunca concordaremos nos pontos secundários se não estivermos abordando o mesmo tema. A Bíblia diz *algo* sobre a homossexualidade. Espero que todos possam concordar em pelo menos um pouco. Espero que todos possam concordar em que a Bíblia não é manifestamente um livro *sobre* homossexualidade. Ou seja, se pensamos que a grande conclusão que podemos extrair deste Livro é a aprovação ou a condenação da atividade homossexual, então conseguimos tomar uma narrativa sublime e condensá-la num único ponto de debate.

Embora a pergunta seja importante – "O que a Bíblia ensina realmente sobre a homossexualidade?" – a pergunta mais importante e principal é "O que a Bíblia diz a respeito de tudo?". Isso significa que não podemos começar este livro com Levítico 18 ou Romanos 1. Temos de começar onde a Bíblia começa: no princípio.

História tão antiga quanto o tempo
(e ainda mais antiga)

A primeira pessoa que encontramos na Bíblia é Deus (Gn 1.1). E a primeira coisa que vemos sobre Deus é que ele é antes de todas as coisas (cf. Sl 90.1-2). Deus é autoexistente, independente, sem começo ou fim, sem igual, o Deus Criador distinto

Introdução

de sua criação, Deus santo e inigualável – eterno, infinito e, em sua essência, diferente de qualquer coisa ou qualquer pessoa que já existiu, existe ou existirá. Este é o Deus que encontramos no primeiro versículo do primeiro livro da Bíblia. E este é o Deus que criou todas as coisas (Ne 9.6; At 14.15; 17.24). Ele criou o céu e tudo que há no céu; criou a terra e tudo que há na terra; criou o mar e tudo que existe no mar (Ap 10.6). Além disso, Deus criou o homem e a mulher como coroa de sua criação, fazendo-os à sua imagem e semelhança (Gn 1.26). Deus os criou para exercerem domínio, reproduzirem-se e terem relacionamento com ele.

Mas o primeiro homem e a primeira mulher desobedeceram à ordem de Deus. Deram ouvidos à Serpente, que os tentou a duvidar da clareza e da bondade da palavra de Deus (Gn 3.1-5). Deram uma mordida no fruto proibido, e o fruto os mordeu de volta. Quando o pecado entrou no mundo, não foi apenas uma queda; foi uma maldição. O homem, a mulher, a Serpente, o solo – todos sentiram a força da maldição, para que "a maneira como as coisas não deveriam ser" se tornasse "a maneira como as coisas são". Em justa retribuição pelo pecado, Deus expulsou o homem e a mulher do jardim e colocou um anjo para guardar o caminho à árvore da vida (Gn 3.24). O céu na terra cessou de existir, pelo menos até que Deus trouxesse o céu de volta à terra (Gn 3.15). O enredo central da história da Escritura foi colocado em andamento: um Deus santo fazendo um caminho para habitar no meio de um povo não santo.

O espaço não permite que recontemos toda esta história, mas qualquer pessoa precisa apenas olhar para a Terra Prometida e o templo para ver a mesma narrativa sendo levada adiante. A Terra Prometida era um tipo de Éden, e o Éden era uma prefiguração da Terra Prometida. Deus descreve a criação de Israel da mesma maneira como descreve a criação dos céus e da terra (Jr 4;23-26; 27.5). As fronteiras do Éden e as fronteiras de Canaã são semelhantes (Gn 2.10-14; 15.18). Quando Jacó retorna do leste para entrar em Canaã, é confrontado por um anjo (Gn 32.22-32) – uma alusão ao anjo colocado na entrada do Éden. De modo semelhante, Josué se encontra com um guardião celestial quando chega à Terra Prometida através de Jericó (Js 5.13-15).

Deus estava dando a seu povo um novo tipo de paraíso, um céu reconstituído na terra, uma terra prometida em que Deus seria o seu Deus e eles seriam o povo de Deus. Mas, de novo, eles foram transgressores da aliança. Gerações depois de haverem sido expulsos do jardim, Deus tirou Abraão da Babilônia para ir à terra de Canaã (Gn 11.31-37). E gerações depois, após serem expulsos da Terra Prometida, Deus retirou seu povo da Babilônia e enviou os exilados de volta aos seus lares (Ed 1.1). Adão teve o jardim e fracassou em obedecer. Israel teve o jardim de volta e também fracassou em obedecer. Ambos foram expulsos para leste do Éden. Em ambos os casos, foi necessário a soberana mão de Deus agir para trazer seu povo da Babilônia para o lugar ao qual eles pertenciam. A Terra Prometida era como que lentes pelas quais o povo de Deus deveria

Introdução

olhar para trás, para o Éden que já existira, e olhar para frente, para o Éden que estava por vir, de novo (Hb 11.8-10, 13-16).

Da mesma maneira, o tabernáculo e o templo tencionavam refletir o jardim do Éden e simbolizar um tipo de céu e terra. O tabernáculo era uma cópia e sombra do que pode ser achado no céu (Hb 8.5). Uma vez dentro do tabernáculo, o povo de Deus era transportado para um céu simbólico, fitando as grossas cortinas azuis com imagens de querubins que pareciam voar no meio do ar (Êx 26.1-37). O Espírito encheu Bezalel e Aoliabe para confeccionarem o tabernáculo, assim como havia pairado sobre o caos na formação dos céus e da terra (Gn 1.2; Êx 31.2-11). A entrada tanto do tabernáculo quanto do templo era pelo oriente, reminiscência do Éden. Anjos foram esculpidos na tampa da arca da aliança, que foi colocada no interior do Santo dos Santos – outro lembrete de que, como no Éden, anjos guardavam a presença de Deus. Até o candelabro, com suas hastes, botões e flores tencionava parecer uma árvore, talvez um lembrete da árvore da vida que estava no Éden (Êx 25.31-36). O Senhor Deus colocou o seu tabernáculo no meio do acampamento (e, posteriormente, seu templo no meio da cidade) para representar visualmente seu lugar de habitação entre o povo. Assim como Deus andara com Adão na viração do dia, assim também ele estabeleceu um lugar para habitar no meio de seu povo escolhido.

Mas o templo foi destruído – uma retribuição divina aos pecados do povo. Tão frequentemente quanto Deus estabelecia uma maneira de habitar no meio de seu povo impuro, eles desperdiçavam a restauração operada por Deus. Por isso, Deus enviou seu Filho como um filho de Abraão e um filho de Davi (Mt 1.1-17). Sua vinda marcaria um novo gênesis, um novo começo (Mt 1.1). Deus se tornou carne e habitou entre nós (Jo 1.14). Jesus Cristo edificaria um novo templo e formaria um novo Israel. Seria melhor do que Moisés e um segundo Adão (Rm 5.12-21; 1 Co 15.20-28). Morreria quando merecíamos morrer (Mc 10.45). Beberia do cálice da ira de Deus que merecíamos beber (Mc 14.36). Ao mesmo tempo, na morte ele seria bem sucedido naquilo em que todos fracassaram, para que, em vez de um anjo guardando a entrada para a presença de Deus, para não entrarmos, achássemos um anjo no sepulcro vazio dizendo-nos que Cristo ressuscitara. Todas as promessas de Deus são "Sim" e "Amém" em Cristo (2 Co 1.20). E, se nos arrependemos de nossos pecados e cremos em Cristo, todas as bênçãos – perdão, purificação, redenção, vida eterna – se tornam nossas, também (At 2.37-40; 16.30-31; Ef 1.3-10; 2.1-10).

O jardim, a terra e o templo não prefiguravam um dia em que a santidade deixaria de ser importante. Apontavam para uma realidade que tem sido nossa esperança desde que Adão e Eva foram expulsos do Paraíso. Essa é a razão por que a imagem da Nova Jerusalém, em Apocalipse 21 e 22, é uma figura do Éden restaurado. A árvore da vida é a recompensa tão esperada dos que creem e perseveram. A recompensa é para aqueles que conhecem a graça de Cristo (Ef 2.1-9), estão unidos com Cristo (Rm 6.1-10) e tiveram creditada em sua conta a justiça de Cristo (2 Co 5.21; Fp 3.7-11). O direito de comer

Introdução

da árvore da vida não é o direito daqueles que professam uma coisa e fazem outra (Ap 3.1). Não será desfrutada por aqueles que abandonam seu primeiro amor (2.4), aqueles que negam a fé (2.10) e que se dão à imoralidade sexual (2.14). Somente àqueles que vencem, somente àqueles que triunfam será dado o direito de comer da árvore da vida, que está no paraíso de Deus (2.7). A visão celestial de Apocalipse é a consumação de tudo que o jardim, a terra e o templo figuravam e prediziam. Nenhum caos, nenhuma lágrima, nenhum conflito, nenhuma morte, nenhuma lamentação, nenhum choro, nenhuma noite e nada detestável. Nada que sirva de obstáculo entre um Deus e seu povo santo.

Menor e maior do que você imagina

Essa é a história. Isso é tudo de que a Bíblia trata. Em um sentido, não há muito sobre a homossexualidade. A história da Bíblia não é a história em que Deus dá uma palestra sobre casamento homossexual ou tenta vencer um caso na Suprema Corte. Embora a homossexualidade seja um das mais inquietantes e dolorosas controvérsias de nossos dias, não é o que a igreja tem cantado, orado e pregado por quase dois mil anos.

No entanto, em algumas maneiras é.

Por dois mil anos, a igreja tem se focalizado em adorar um Cristo que salva, um Cristo que perdoa, um Cristo que purifica, um Cristo que nos desafia e nos muda, um Cristo que nos convence e nos converte e um Cristo que virá outra vez. Se, como nos diz o Credo dos Apóstolos, Jesus Cristo virá outra vez para julgar os vivos e os mortos (At 17.31; Ap 19.11-21); e se aqueles que se arrependem de seus pecados e creem viverão para sempre com Deus em sua nova criação (Mc 1.15; At 17.30; Ap 21.7; 21.1-17), por meio da obra expiatória de Cristo na cruz (Is 53.1-12; Rm 5.1-21); e se aqueles que não são nascidos de novo (Jo 3.5), não creem em Cristo (Jo 3.18) e não abandonam suas práticas pecaminosas (1 Jo 3.4-10) sofrerão a punição eterna e a ira justa de Deus no inferno (Jo 3.36; 5.29); e se entre os que terão como sua parte o lago de fogo, excluídos do jardim celestial, estão os covardes, os incrédulos, os abomináveis, os assassinos, os sexualmente imorais, os feiticeiros, os idólatras e todos os mentirosos – então, determinar o que é imoralidade sexual conforme a mente de Deus tem tudo a ver com o enredo da Escritura.

A atividade homossexual é um pecado que exige arrependimento, abandono e perdão, ou, no contexto e compromisso corretos, podemos considerar a intimidade sexual homossexual uma bênção digna de ser celebrada e solenizada?

Esta é a pergunta que este livro procura responder. Não é uma pergunta que predomina nas páginas da Bíblia. Mas é uma pergunta que toca muitas da mais importantes e mais preciosas verdades que a Bíblia sustenta.

Que tipo de livro?

Por causa da natureza altamente carregada deste assunto e considerando os diferentes olhos que podem estar lendo estas palavras, talvez seria apropriado explicar a princípio que

Introdução

tipo de livro é este: *é um livro cristão, com um foco restrito, que defende um ponto de vista tradicional quanto ao casamento*. Explicarei cada uma destas frases.

Este é um livro cristão. Isso não significa que não há aqui nada que o não cristão possa considerar. Espero que qualquer pessoa interessada no que a Bíblia diz sobre a homossexualidade se beneficie deste livro. Mas, como um cristão que escreve um livro cristão, presumirei considerável quantidade de coisas em que concordamos. Tratarei a Bíblia como a Palavra de Deus, como um relato da revelação de Deus, inspirado, portador de autoridade, sequencial e totalmente digno de confiança.[1]

Portanto, quer você seja um líder cristão que está tentando instruir outros, quer seja um religioso cético que espera ver o que a Escritura diz, quer seja um adolescente investigador que está tentando decidir por si mesmo no que crer, desejo que algo neste livro o ajude a entender a Bíblia um pouco melhor.

Com um foco restrito. Este segundo ponto resulta do primeiro. Embora haja muito a ser ganho por explorar a homossexualidade pelas lentes da sociologia, biologia, história, política e filosofia, meu alvo é muito mais simples: examinar o que a Bíblia ensina sobre o comportamento homossexual. É um pecado – algo que está fora da vontade de Deus – quando pessoas do mesmo gênero experimentam intimidade sexual ou a prática homossexual pode ser santa e agradável a Deus nas circunstâncias certas?

---

[1] Quanto a mais conteúdo sobre estes temas, ver meu livro *Levando Deus a Sério: por que a Bíblia é compreensível, necessária e suficiente, e o que isso significa para você!* (São José dos Campos, SP: Editora Fiel, 2014).

Talvez você tenha outras perguntas que gostaria de abordar: como digo a meus pais que estou lutando com isso? Como ajudo meus filhos em suas lutas? O que fazer se eu já sofri abuso? Como posso confiar na igreja, quando minha experiência com a igreja tem sido tão negativa? Como posso ministrar ao meu amigo agora que ele me disse que é atraído por homens? Devo estar presente num casamento de pessoas do mesmo sexo? Devo permitir que minha irmã lésbica e sua parceira passem a noite em minha casa? Como posso lutar contra a tentação de lascívia? O que a Bíblia diz sobre a sexualidade em geral? Como minha igreja pode ministrar mais eficientemente àqueles que sentem atração homossexual? Como devo falar sobre estes assuntos na esfera pública? Como devo lidar com esta questão em minha igreja e denominação? Qual deve ser nossa política quanto a contratação e cooperação de ministros? Como a igreja me ajuda a achar satisfação relacional e propósito evangélico como homem ou mulher celibatário que tem atração homossexual?

Todas estas são boas perguntas, e há livros, blogs e novos recursos surgindo o tempo todo num esforço para abordá-las. Em sua maior parte, este livro não trata destas perguntas. Pelo menos não diretamente. Antes de qualquer destas perguntas ser respondida, devemos descobrir se a prática homossexual é um pecado, ou uma bênção, ou qualquer outra coisa. Uma vez que respondamos a essa pergunta, podemos avançar para inúmeros pontos de aplicação e achar as maneiras mais envolventes e corajosas para lidarmos com o pecado e o so-

Introdução

frimento que todos experimentamos. É claro que, às vezes, nossas palavras serão poucas, quando apenas ouvirmos um amigo, chorarmos com ele ou o abraçarmos calorosamente. Os seres humanos são criaturas complexas. Não há uma fórmula fácil para pastorear uma alma errante ou cuidar de um coração ferido. Mas, no nível de estratégia pastoral e discernimento institucional, nossas deliberações e conversas estão fadadas a serem ineficazes, enquanto não determinarmos o que a Bíblia ensina sobre a certeza ou o erro da atividade homossexual. E, para um crescente número de cristãos, a pergunta "O que a Bíblia diz sobre a homossexualidade?" não parece tão franca quanto parecia antes.

Que defende um ponto de vista tradicional quanto ao casamento. Caso você ainda não saiba, devo expressar minha posição claramente. Creio que a intimidade sexual homossexual é pecado. Junto com a maioria dos cristãos ao redor do mundo e quase todos os cristãos dos primeiros dezenove séculos da história da igreja, creio que a Bíblia coloca o comportamento homossexual – não importando o nível de compromisso ou afeição mútua – na categoria de imoralidade sexual. Por que eu creio nisto é o assunto do resto deste livro.

Falando a grupos diferentes

Nesta altura, a sinceridade pode ser o melhor curso de ação. O fato que não podemos ignorar é que há muitas diferenças em relação a este assunto. Todos chegamos a este assunto provenientes de contextos diferentes e com perspectivas diferentes. Mencionarei três tipos de pessoas que podem estar lendo este livro.

Primeiramente, há os convictos. Por convictos, estou falando de pessoas que abriram este livro certas de que o comportamento homossexual é errado. Argumentarei em favor dessa mesma conclusão, mas a conclusão correta pode ser abordada de maneira errada. Focalizar-nos nos pecados das pessoas, enquanto ignoramos nosso próprio pecado, seria a maneira errada. Sermos orgulhosos quanto à retidão bíblica, em vez de sermos humilhados por nosso próprio estado caído, seria a maneira errada. Levar toda conversa a um debate teológico seria uma maneira errada. Tratar as pessoas como projetos ou como problemas a serem resolvidos, em vez de pessoas a serem amadas, seria a maneira errada. Mas "bem-aventurados os puros de coração", você diria. Sim, e bem-aventurados são também os misericordiosos e os que choram. Se ao terminar a leitura deste livro, você ficar irado, arrogante, desrespeitoso e destituído de toda a empatia, alguém ou algo falhou. Espero que a falha não seja minha.

Em segundo, há os contenciosos. Aqui estou pensando naqueles cujas reações estão entre frustração revoltante e desdém completo. Talvez você pegou este livro querendo obter um sentimento em favor do "outro" lado. Talvez seus amigos ou seus pais lhe disseram que você deveria ler o livro porque achavam que ele poderia mudar a sua mente. Talvez você estivesse esperando que eu o guiaria na direção de um terceiro caminho mítico. Admito que talvez eu não seja capaz de convencê-lo a

Introdução

mudar sua maneira de pensar com estas poucas páginas. Mas espero que sua mente esteja pelo menos aberta a isso. Se você não for convencido pelos argumentos léxicos, lógicos e exegéticos, peço-lhe apenas que se assegure firmemente de que os argumentos é que são inconvincentes. Nossos sentimentos são importantes. Nossas histórias são importantes. Nossos amigos são importantes. Mas, em última análise, temos de examinar as Escrituras para saber o que é mais importante. Não ignore o mensageiro como antiquado se o seu problema real está relacionado com a Bíblia. Acho que não recorri a ataques a pessoas, e, tendo a Deus como minha testemunha, pelo que posso discernir de meu próprio coração, não escrevi qualquer coisa neste livro motivado por aversão pessoal por aqueles que estão na comunidade gay. Você pode pensar que estou errado em tudo. Mas, se afirmar o comportamento homossexual é a conclusão mais iluminada, parece justo que cheguemos a esta conclusão baseados não em reações instintivas e pressão crescente de colegas, e sim no uso lógico da Escritura (At 19.9-10; 24.25).

Em terceiro, há os confusos. Ficarei feliz se este livro puder ser útil para os três grupos. Espero, especialmente, que algo nestas páginas seja proveitoso para outros irmãos e irmãs nesta última categoria. Antes de tudo, eu sou um pastor e, embora tenha procurado elaborar um argumento inteligente em favor da posição histórica quanto a casamento e sexualidade, não acredito que tenha perscrutado todo o campo da erudição e removido todas as dúvidas. Isso acontece porque, por mais que precisemos de volumes densos, cheios de notas de rodapé e de muitas páginas sobre este assunto (e precisamos realmente de tais volumes), também precisamos de recursos para mães, pais, presbíteros leigos, alunos de faculdade, avós, administradores de escolas de ensino médio, líderes de pequenos grupos e dezenas de outras pessoas "comuns" que não têm certeza de como entender este assunto.

Mais do que qualquer outra coisa, quero abrir as Escrituras e deixar as coisas um pouco mais claras para aqueles que talvez estejam pensando: "Alguma coisa parece estar errada nestes novos argumentos, mas não posso determinar o que é", ou: "Talvez a Bíblia não diga o que penso", ou: "Talvez eu precise dar outra chance à Bíblia", ou: "Todos os meus amigos estão dizendo uma mesma coisa, e não sei mais em que devo crer". Continue investigando. Continue orando. Continue crendo que a Palavra de Deus é clara, verdadeira e boa.

Miscelânea

Meu esboço é simples e direto. A parte 1 consiste de cinco capítulos que examinam cinco dos textos bíblicos mais relevantes e mais debatidos em relação à homossexualidade. Nestes capítulos, espero defender a moralidade sexual bíblica, ou seja, o fato de que Deus criou o sexo como um dom excelente reservado para a aliança do casamento entre um homem e uma mulher. Na parte 2, focalizo as sete objeções mais comuns a este ponto de vista tradicional sobre a moralidade sexual. Estes sete capítulos procuram demonstrar que não há razões

Introdução

históricas, culturais, pastorais ou hermenêuticas convincentes para deixarmos de lado o significado claro da Bíblia, conforme entendido por quase dois mil anos. Um capítulo de conclusão tenta explicar o que está em jogo neste debate.

Antes de entrar nos textos bíblicos, permita-me fazer dois comentários preliminares. O primeiro é sobre os termos. Não há uma maneira perfeita de descrever os dois lados neste debate. Por isso, em vez de usar um conjunto de termos, eu empregarei uma variedade de designações intercambiáveis. Posso chamar a posição que diz que o comportamento homossexual é pecaminoso de posição *conservadora*, ou o ponto de vista *histórico* ou a posição *não afirmadora*. Na maioria das vezes, usarei o termo *tradicional*. Quanto à posição contrária, usarei palavras como *progressiva, liberal* ou *afirmadora*. Na maioria das vezes, usarei o termo *revisionista*. Reconheço que estas palavras podem ser mal entendidas e que pessoas de ambos os lados não gostam delas por uma razão ou por outra, mas penso que todas elas são muito comuns e podem ser bem entendidas.

Também é importante notar que usarei certas expressões intercambiáveis em referência à *atividade homossexual*, incluindo: *comportamento homossexual, prática homossexual, intimidade sexual homossexual, prática sexual homossexual* e *atividade sexual homossexual*. Muito deliberadamente, estas expressões sugerem uma escolha espontânea de atividade ou comportamento. Ao usar estas expressões, não estou falando de maneira coletiva sobre aqueles que se acham atraídos por pessoas do mesmo sexo, nem estou fazendo comentários sobre se estes desejos foram escolhidos conscientemente (é quase certo que não), ou se e quando os próprios desejos são pecaminosos. Esta é uma questão importante e complicada – exegética, teológica e pastoralmente – mas não é o foco deste livro (Quanto a uma discussão breve, ver "Apêndice 2: Atração homossexual: três bases"). A menos que eu afirme de maneira específica em outro sentido, deve-se entender que, ao falar de homossexualidade, estou me referindo à atividade autodeterminada daqueles que estão engajados em comportamento sexual com pessoas do mesmo sexo. Se minha forma de escrever parece mais ajustada ao sentido de homens que praticam homossexualidade, isso acontece porque a Bíblia está calibrada desta mesma maneira. A experiência de mulheres que praticam homossexualidade pode ser bem diferente da de homens, mas a mesma determinação a respeito da atividade se aplica igualmente a ambos os sexos, ainda que a Bíblia se incline mais fortemente ao sentido de comportamento sexual de homens com homens.

De acordo com isso, procurei evitar os rótulos *gay* e *lésbica*, pois acho que eles acrescentam confusão, em vez de clareza, à pergunta que estamos considerando. Nas poucas ocasiões em que são empregados, acrescentei descrições como "aqueles que se autoidentificam como gays e lésbicas". De modo semelhante, embora eu não creia que duas pessoas do mesmo sexo possam ser casadas (de acordo com o entendimento bíblico e tradicional da palavra *casamento*), falo realmente em *casamento homossexual*. Escolhi afirmar claramente a minha objeção em vez de usar a expressão "casamento homossexual" entre

Introdução

aspas em todo o livro ou referir-me a ele como o *impropriamente designado* casamento homossexual.

Meu comentário final de introdução diz respeito à autoridade da Escritura. É um clichê usar os bereianos como um exemplo de dedicação bíblica, mas, neste caso, é um clichê que vale a pena ser perpetuado. Quando Paulo pregou a Palavra de Deus em Tessalônica, as pessoas ficaram tão bravas que formaram um tumulto, agrediram os amigos de Paulo e repeliram da cidade a ele e seus companheiros (At 17.5-9). Mas a experiência de Paulo em Bereia foi muito diferente: "Ora, estes de Bereia eram mais nobres que os de Tessalônica; pois receberam a palavra com toda a avidez, examinando as Escrituras todos os dias para ver se as coisas eram, de fato, assim" (At 17.11). Quero ser como os bereianos e espero que você também o queira. Sejamos dispostos, diligentes e persistentes em estudar a Palavra. Sobre qualquer assunto, em qualquer orientação, devemos ser cuidadosos em não mudar a Palavra para que se adeque aos nossos caprichos e desejos. Por mais doloroso que possa ser, devemos reinterpretar nossas experiências por meio da Palavra de Deus e não permitir que nossas experiências determinem o que Bíblia pode ou não pode significar.

Se Jesus pensava que as Escrituras haviam sido ditas por Deus mesmo (Mt 19.4-5) e eram totalmente infalíveis (Jo 10.35), certamente é apropriado, em qualquer assunto difícil, complicado ou controverso, perguntarmos desde o início: "O que a Bíblia realmente ensina?". Quer você esteja preparado para concordar com este livro, quer para discordar dele, encorajo-o a manter três coisas abertas: sua mente, seu coração, sua Bíblia. Não se acomode a slogans e comentários mordazes. Não presuma o pior a respeito daqueles que discordam de você. E não pense que Deus não falará com você por meio da Escritura, se você for humilde, honesto e faminto pela verdade. Afinal de contas, o homem não vive só de pão (ou só de sexo), mas de toda palavra que procede da boca de Deus (Dt 8.3; Mt 4.4).

1

UM HOMEM, UMA MULHER, UMA CARNE

GÊNESIS 1-2

Suponha que Deus queria criar um mundo em que o casamento exigisse um homem e uma mulher. Como ele deveria arranjar este mundo? Que tipo de história seria contada?

Talvez ele faria primeiramente o homem e, depois – vendo que o homem estava sozinho – faria uma parceira adequada para o homem. Talvez, como expressão de igualdade e complementaridade, Deus formaria o segundo ser humano a partir do primeiro. Talvez o nome do segundo (*mulher*, *ishah* no hebraico) seria derivado de seu complemento natural (*homem*, *ish* no hebraico). E, a fim de mostrar como o homem era singularmente adequado para a mulher, Deus daria a ambos uma ordem (serem frutíferos e se multiplicarem), que só poderia ser cumprida pela união dos dois sexos. Talvez a história terminaria com os dois – homem e mulher – começando juntos uma nova família e entrando em um novo relacionamento de aliança, solenizado por um juramento e selado pelo tipo de união física capaz de perpetuar esta família e refletir o status deles como portadores da imagem de um Criador divino.

Se Deus queria estabelecer um mundo em que o relacionamento conjugal e sexual normativo seria o de pessoas do sexo oposto, Gênesis 1 e 2 se harmoniza perfeitamente com este querer divino. A narrativa sugere fortemente o que a igreja tem ensinado quase uniformemente: "O casamento tem de ser entre um homem e uma mulher".[1] Um arranjo conjugal diferente exige um relato de criação totalmente diferente, um relato com dois homens ou duas mulheres ou, pelo menos, indicações de complementaridade de gênero e procriação. É difícil não concluir, a partir de uma leitura honesta de Gênesis 1 e 2, que o desígnio de Deus para a intimidade sexual não é qualquer combinação de pessoas, nem mesmo qualquer tipo de duas pessoas se unindo, mas um homem se tornando uma só carne com uma mulher.

Em anos recentes, alguns têm questionado se esta leitura honesta do texto é realmente honesta. Alguns chegam a argumentar que Eva não era um complemento para Adão e sim uma companheira básica. O problema que ela solucionou foi solidão e não falta de completude. E o texto não indica que a

---

1 Confissão de Fé de Westminster 24.1. Esta confissão (1646) tem sido usada pelas igrejas reformadas e presbiterianas durante séculos e serve como um padrão doutrinário para milhões de cristãos ao redor do mundo.

mulher, ao contrário dos animais, era apropriada para o homem porque ela era *semelhante* ao homem, e não porque era diferente? Talvez a linguagem de "uma só carne" não dependa de qualquer ato sexual específico (nem mesmo de sexo, de modo algum). Afinal de contas, Labão disse a Jacó "És meu osso e minha carne" (Gn 29.14), e as tribos de Israel disseram a Davi, em termos literais: "Somos teu osso e tua carne" (2 Sm 5.1; cf. Jz 9.2; 2 Sm 19.;12-13; 1 Cr 11.1). Por que dar tamanha importância a uma suposta "adequabilidade" sexual, quando Gênesis 2 não menciona procriação? Certamente, o argumento prossegue, Gênesis usa o exemplo de um homem e uma mulher formando o vínculo de aliança do casamento, mas por que isto não pode ilustrar o que é normal, em vez de prescrever o que é normativo? A união de dois homens ou de duas mulheres pode demonstrar o mesmo deixar, o mesmo unir-se e o mesmo compartilhamento íntimo de todas as coisas que vemos em Adão e Eva, em Gênesis 2.

Por mais plausível que pareça, a princípio, esta interpretação revisionista não se harmoniza com os contornos específicos do relato da criação. Há cinco razões por que estamos certos em pensar que Gênesis 1 e 2 estabelece o desígnio de Deus para o casamento e que este desígnio exige um homem e uma mulher.

Primeira, a maneira como a mulher foi criada indica que ela é o complemento divinamente planejado para o homem. Em Gênesis 2.21, vemos o Senhor Deus tomando algo do homem (uma de suas costelas) para fazer uma auxiliadora idônea para ele (v.

18). Em seguida, o versículo 22 enfatiza que a mulher não foi formada do nada, nem do pó da terra, mas da "costela que o SENHOR Deus tomara ao homem". O que torna a mulher singular é que ela é semelhante ao homem (expresso na afirmação de compromisso de aliança "osso dos meus ossos e carne da minha carne") *e* que ela é diferente do homem. O texto bíblico tem em vista tanto a semelhança quanto a diferença. Adão se deleita com o fato de que a mulher não é outro animal *nem* outro homem. Ela é exatamente o que o homem necessita: uma auxiliadora idônea, igual a ele, mas o seu oposto. A mulher é uma *ishah* tirada do *ish*, uma nova criação formada do lado do homem, para ser algo diferente do homem (2.23).

Segunda, a natureza da união "uma só carne" pressupõe duas pessoas de sexos opostos. A expressão "uma só carne" aponta para intimidade sexual, conforme sugerido pela referência à nudez no versículo 25. Essa foi a razão por que Paulo usou a linguagem de "uma só carne", quando advertiu os coríntios a respeito de se unirem a uma prostituta (1 Co 6.15-16). O ato de relação sexual une orgânica *e* relacionalmente um homem e uma mulher, tornando-os uma unidade. A igualdade das partes na atividade homossexual não permite que os dois se tornem "um" desta mesma maneira. O mero contato físico – como segurar as mãos ou enfiar seu dedo no ouvido do parceiro – não une duas pessoas numa união orgânica, nem os une como um sujeito único para cumprir uma função biológica.[2] Quando

---

2 Patrick Lee e Robert P. George, *Conjugal Union: What Marriage Is and Why It Matters* (New York: Cambridge University Press, 2014), 50.

Gênesis 2.24 começa com "por isso", conecta a intimidade de tornarem-se uma só carne com a complementaridade de a Mulher ser tomada do Homem (v. 23). O *ish* e a *ishah* podem se tornar uma só carne porque a união deles não é apenas uma união sexual e sim uma *re*união, o unir de dois seres diferentes, em que um foi feito *do* outro e ambos, feitos um *para* o outro.[3]

Terceira, somente duas pessoas de sexos diferentes podem cumprir os propósitos procriadores do casamento. Uma das razões por que não era bom que o homem ficasse só era que, estando sozinho, ele não poderia refletir os desígnios criativos do Criador para o mundo. Deus criou vegetação, árvores, peixes, pássaros e toda criatura vivente "segundo a sua espécie" (Gn 1.11, 12, 21, 24, 25). A multiplicação das plantas e dos animais no mundo deveria acontecer de acordo com sua espécie. De modo semelhante, Deus criou deliberadamente o homem e a mulher para que fossem frutíferos e se multiplicassem (1.28). Se o homem deveria cumprir este mandamento, Deus teria de fazer "uma auxiliadora" que fosse idônea para o homem (2.18). Embora seja verdadeiro que a procriação não é mencionada explicitamente em Gênesis 2, ela está ordenada de forma direta em Gênesis e mencionada, especificamente, como algo afetado pela queda, em Gênesis 3. Evidentemente, devemos ver a

---

[3] Ver Robert A. J. Gagnon, *The Bible and Homosexual Practice: Texts and Hermeneutics* (Nashville, TN: Abingdon, 2001), 60-63. Neste mesmo sentido, João Calvino observou: "Algo foi tirado de Adão a fim de que ele pudesse receber, com benevolência maior, uma parte de si mesmo. Portanto, ele perdeu uma de suas costelas, mas, em lugar dela, recebeu uma recompensa muito mais rica, visto que obteve uma companheira de vida fiel; pois agora ele via a si mesmo, que antes fora imperfeito, como quem se tornara completo em sua esposa" (*Commentaries on the First Book of Moses Called Genesis*, vol. 1, trans. John King [Grand Rapids, MI: Baker, 1989], 133).

descendência como resultante da união do *ish* e da *ishah* singularmente harmonizados. O fato de que, às vezes, homens e mulheres casados são incapazes de ter filhos, por causa de enfermidades biológicas ou de idade avançada, não muda o propósito procriador do casamento encontrado em Gênesis. O casamento é o tipo de união da qual – se todo o sistema reprodutor está funcionando apropriadamente – filhos podem ser concebidos. Uniões homossexuais, por sua própria natureza, não satisfazem esta definição, nem podem cumprir este propósito procriador. A questão não é, como argumenta um autor revisionista, se a procriação é exigida para que um casamento seja válido.[4] A questão é se o casamento – por natureza, por desígnio e por alvo – é uma aliança entre duas pessoas cujo compromisso de ser uma só carne é o tipo de união que produz descendência.

A importância da procriação como consequência natural da aliança de casamento é também vista nas leis de levirato do Antigo Testamento. Estas leis, como a que vemos em Deuteronômio 25.5-6 (cf. Mc 12.19), são assim chamadas porque obrigavam o irmão de um homem falecido a casar-se com a cunhada viúva (se ela não tivesse filhos) e produzir descendência para o irmão falecido. A reprodução era tão claramente a expectativa normal (a bênção) de um casamento, que nem mesmo a morte devia frustrar os propósitos procriadores durante a vigência da aliança da lei mosaica.

---

[4] James V. Brownson, *Bible, Gender, Sexuality: Reframing the Church's Debate on Same-Sex Relationships* (Grand Rapids, MI: Eerdmans, 2013), 115.

Um homem, uma mulher, uma carne

> Vemos este princípio ainda mais claramente em Malaquias 2.15:
>
> Não fez o SENHOR um, mesmo que havendo nele um pouco de espírito? E por que somente um? Ele buscava a descendência que prometera. Portanto, cuidai de vós mesmos, e ninguém seja infiel para com a mulher da sua mocidade.

O texto hebraico deste versículo é um dos mais difíceis de todo o Antigo Testamento; por isso, não podemos ser dogmáticos sobre qualquer interpretação. No entanto, como sugere a maioria das traduções, Malaquias estava repreendendo os homens de Judá por tratarem infielmente sua esposa, remetendo a ideia ao relato da criação. Em essência, Malaquias disse: "Deus fez o homem e a mulher para se tornarem uma só carne, para que produzissem uma descendência piedosa. Guardem-se, portanto, para não profanarem essa união santa por divorciarem-se de sua esposa". Malaquias não somente reconheceu o propósito procriador do casamento, mas também achou este princípio no relato da criação de Gênesis. É por esta razão que a *Confissão de Westminster* (presbiteriana/reformada) diz que o casamento foi dado, em parte, para o "aumento" da "descendência santa"; e o *Livro de Oração Comum* (anglicano) diz que o santo matrimônio foi "ordenado para a procriação de filhos", e a encíclica *Humanae Vitae* (católica) diz que "o significado unitivo e o significado procriador" são "ambos inerentes ao ato de casamento".[5] Embora seja errado dizer que a procriação é o *único* propósito do casamento ou que a intimidade sexual é *dada* apenas como um meio para atingir um fim reprodutor, também seria errado pensar que o casamento pode ser apropriadamente definido sem qualquer referência à descendência que deve resultar (e normalmente resulta) da união numa só carne de um marido e sua mulher.

Quarta, o próprio Jesus reforçou a normatividade do relato de Gênesis. Quando lhe pediram que oferecesse sua opinião no debate judaico sobre o divórcio – se o divórcio era permissível para qualquer caso ou se apenas o pecado sexual poderia romper a aliança do casamento – Jesus se posicionou do lado da escola Shamai, mais conservadora, e desaprovou o divórcio em qualquer caso, exceto imoralidade sexual. Para firmar seu argumento, Jesus primeiramente lembrou seus ouvintes de que Deus, "desde o princípio, os fez homem e mulher" e, em seguida, citou diretamente Gênesis 2.24 (Mt 19.4-6; Mc 10.6-9). Não há nenhuma indicação de que Jesus fez referência a Gênesis por meros propósitos ilustrativos. Na mente de Jesus, a resposta para a questão do divórcio precisa de um entendimento correto do casamento, e, para compreender a natureza do casamento, uma pessoa tem de retornar ao princípio, no qual vemos Deus instituindo o casamento como uma união vitalícia de um homem e uma mulher.

---

5 Confissão de Fé de Westminster 24.2; Livro Comum de Oraçãor, "A forma de solenização do matrimônio"; *Humanae Vitae* 2.12.

Além disso, a monogamia faz sentido apenas neste entendimento do casamento em Gênesis. Sem a complementaridade dos dois sexos, não há lógica moral que exija que o casamento seja restrito a um casal.[6] Não estou argumentando que a aceitação do casamento homossexual levará inexoravelmente à aceitação da poligamia. Mas, se você aceita o casamento homossexual, não tem mais um argumento intelectual consistente para rejeitar a poligamia. É mero sentimentalismo e tradição persistente, que leva muitos progressistas a insistirem em que uniões homossexuais devem envolver o compromisso de duas pessoas e somente de duas pessoas. Se o casamento é apenas a formação de um laço de parentesco entre os que estão totalmente comprometidos um com o outro, não há razão por que múltiplas pessoas ou grupos de pessoas não possam se comprometer totalmente umas com as outras. Não há coerência interna para as noções de monogamia e exclusividade se o casamento é algo mais do que a união de dois sexos diferentes e complementares. É porque Deus fez a mulher *a partir do* homem que ela é também *para* o homem (1 Co 11.8-9, 11-12). É porque os dois – macho e fêmea – são complementos divi-

---

[6] É verdade que a poligamia existia no Antigo Testamento, mas ela não entra no cenário como uma bênção divina (Gn 4.23-24) e nunca recebe a aprovação de Deus (ver Denny Burk, *What Is the Meaning of Sex?* [Wheaton, IL: Crossway, 2013], 98-100. A poligamia é, muitas vezes, fonte de tristeza e mágoa no Antigo Testamento, e no Novo Testamento é rejeitada tanto por Jesus (Mt 19.3-9; Mc 10.1-12; cf. Mt 5.31-32), quanto por Paulo (1 Co 7.2; 1 Tm 3.2; Tt 1.6). Todavia, mesmo onde a poligamia era praticada, a natureza dual do vínculo matrimonial achava expressão. As esposas de Salomão não eram casadas umas com as outras. A natureza do casamento ainda era um homem e uma mulher em união de uma só carne, embora o homem se unisse com muitas mulheres separadamente, em casamentos múltiplos. É importante enfatizarmos a admissão e a metodologia de Jesus, no sentido de que a poligamia deveria ser proibida exatamente porque não se harmoniza com o desígnio de Deus no jardim.

namente designados um para o outro que a monogamia faz sentido e o casamento de pessoas do mesmo sexo não.

Quinta, o significado histórico-redentor do casamento como um símbolo divino, na Bíblia, só funciona se o casal matrimonial for um par complementar. Pense na natureza complementar da própria criação. No princípio, Deus criou os céus e a terra (Gn 1.1). E não somente isso, mas também dentro deste par cósmico achamos outros "casais": sol e lua, manhã e tarde, dia e noite, mar e terra seca, plantas e animais, e, por fim, o homem e sua mulher. Em cada um destes pares, cada parte corresponde à outra, mas nenhuma delas é intercambiável. Assim como o céu e a terra foram criados para estarem juntos – e, de fato, é assim que toda a história da Bíblia termina – assim também o casamento deve ser um símbolo deste plano divino: duas entidades diferentes adequadas singularmente uma para a outra.[7]

Portanto, faz sentido perfeito que a vinda de céus e terra juntos, em Apocalipse 21 e 22, seja precedida pela ceia de casamento do Cordeiro, em Apocalipse 19. O casamento foi criado como uma figura da adequabilidade de céu e terra ou, como diz Efésios 5, de Cristo e da igreja (vv. 31-32). O significado do casamento é mais do que sacrifício natural e compromisso de aliança. O casamento, por sua própria natureza, exige complementaridade. A união mística de Cristo e a igreja – cada "parte" pertencendo à outra, mas nenhuma delas sendo intercambiá-

---

[7] Quanto a mais informações sobre este tema, ver a palestra *Humanum 2014*, de N. T. Wright (disponível no YouTube, acessada em 4 de dezembro de 2014, http://www.youtube.com/watch?v=AsB-JDsOTwE).

vel – não pode ser retratada na união conjugal sem a distinção de macho e fêmea. Se Deus queria que concluíssemos que homens e mulheres são intercambiáveis no relacionamento de casamento, ele não somente nos deu a narrativa de criação errada; ele nos deu a metanarrativa errada. A homossexualidade não se harmoniza com a ordem criada em Gênesis 1 e 2.

E, com estes dois capítulos como fundamento sobre o qual é construído o restante da história de redenção, veremos que o comportamento homossexual não se harmoniza também com o resto da Bíblia.

AQUELAS CIDADES INFAMES

GÊNESIS 19

Em toda a Bíblia, você não achará duas cidades mais infames do que Sodoma e Gomorra. Em Gênesis 19, o Senhor fez chover fogo e enxofre sobre elas, uma punição devastadora por sua impiedade descarada. Em todo o resto do Antigo Testamento, Sodoma e Gomorra são sinônimos de pecaminosidade extrema (Is 1.9-10; 3.9; Jr 23.14; Ez 16.44-58) e de julgamento divino (Dt 29.23; Is 13.19; Jr 49.18; 50.40; Lm 4.6; Am 4.11; Sf 2.9). No Novo Testamento, Jesus se referiu muitas vezes a Sodoma e (menos frequentemente) a Gomorra, num esforço de advertir as pessoas da ira iminente e expor a dureza de coração delas (Mt 10.14-15; 11.23-24; Lc 10.10-12; 17.26-30). Mesmo em nossos dias, as duas cidades são um epíteto de pecado e julgamento. Vários anos atrás, um crítico cultural sugeriu que, como nação, estávamos decaindo em direção a Gomorra.[1] Nossa palavra *sodomia* vem de um tipo de pecado cometido em Sodoma. Todos concordam em que a história de Gênesis é horrível. Dois estrangeiros se encontram com Ló (sobrinho de Abraão) à porta de Sodoma. Ló convence os homens (que são realmente anjos) a ficarem com ele em sua casa. Depois de uma refeição e antes que se retirassem para dormir, os homens de Sodoma, tanto jovens como velhos, cercam a casa de Ló e querem fazer sexo com os dois viajantes.[2] Depois que Ló se recusa a levar para fora seus convidados (e, infelizmente, oferece suas duas filhas virgens em lugar deles), a turba se torna ainda mais incontrolável. Mas, quando eles investem contra Ló, para arrombar a porta, os dois convidados o levam para dentro da casa e ferem de cegueira os homens de Sodoma (vv. 1-11). Embora não tenham conseguido realizar seu crime, os homens de Sodoma fizeram mais do que o suficiente para merecerem sua reputação infame.

No entanto, qual era exatamente o pecado cometido pelos homens de Sodoma? Gênesis 19 fala de uma gangue de estupro violenta e dificilmente retrata uma cena de dois homens entrando numa relação sexual pactual e consensual. É certo que a punição de Sodoma e Gomorra tinha alguma coisa a ver com homossexualidade? Na mais longa passagem pós-

---

[1] Robert R. Bork, *Slouching Towards Gomorrah: Modern Liberalism and American Decline* (New York: Regan Books, 1996).
[2] O texto hebraico diz que os homens de Sodoma quiseram "conhecer" os homens que estavam com Ló (Gn 19.5 – ARC). Em Gênesis, o verbo hebraico que significa "conhecer" (*yada*) é usado frequentemente como um eufemismo para expressar relação sexual (4.1, 17, 25; 24.16). Claramente, este é o modo como a palavra é usada em seguida, quando Ló diz que suas filhas "ainda não conheceram varão" (19.8).

-Gênesis relacionada a Sodoma, a justiça social parece ser o interesse. Ezequiel escreveu: "Eis que esta foi a iniquidade de Sodoma, tua irmã: soberba, fartura de pão e próspera tranquilidade teve ela e suas filhas; mas nunca amparou o pobre e o necessitado" (Ez 16.49). Não é surpreendente que os autores revisionistas argumentem que o pecado de Sodoma foi principalmente (unicamente?) uma falta de hospitalidade. Até um respeitado erudito do arraial dos não afirmadores rejeitou toda a história de Sodoma e Gomorra como "irrelevante para o tópico" de homossexualidade?[3] Talvez o entendimento tradicional destas cidades infames esteja errado. Talvez a interpretação de homossexualidade tenha sido fabricada por Filo e Josefo, no século I. Talvez o pecado de Sodoma não deva ter nenhuma influência no que pensamos sobre relacionamentos homossexuais comprometidos, em nossos dias.

Em outra análise

Apesar da plausibilidade de alguém reler Gênesis 19 desta maneira revisionista, há várias razões por que estamos certos em ver a prática homossexual como um aspecto do pecado de Sodoma e como uma razão por que Sodoma e Gomorra foram destruídas.

(1) A referência a Sodoma, em Ezequiel 16, apoia a noção tradicional de que o pecado de Sodoma – pelo menos um aspecto dele – era de natureza sexual. Veja de novo Ezequiel 16.49, agora com um pouco mais de contexto:

---

3 Richard B. Hays, *The Moral Vision of the New Testament: A Contemporary Introduction to New Testament Ethics* (New York: HarperOne, 1996), 381.

O QUE A BÍBLIA ENSINA SOBRE A HOMOSSEXUALIDADE?

> Todavia, não só andaste nos seus caminhos, nem só fizeste segundo as suas abominações; mas, como se isto fora mui pouco, ainda te corrompeste mais do que elas, em todos os teus caminhos. Tão certo como eu vivo, diz o SENHOR Deus, não fez Sodoma, tua irmã, ela e suas filhas, como tu fizeste, e também tuas filhas. Eis que esta foi a iniquidade de Sodoma, tua irmã: soberba, fartura de pão e próspera tranquilidade teve ela e suas filhas; mas nunca amparou o pobre e o necessitado. Foram arrogantes e fizeram abominações diante de mim; pelo que, em vendo isto, as removi dali (16.47-50).

A palavra *abominação* traduz a palavra hebraica *to'ebah*. A abominação no versículo 50 é um pecado separado, específico, que o Senhor tem em mente, mas é também uma das várias "abominações" referidas no versículo 47. A mesma palavra é usada em Levítico 18.22 e 20.13, onde o ato de um homem se deitar com outro homem, como se fosse uma mulher, é chamado abominação (*to'ebah*). Vários pecados no Código de Santidade de Levítico são descritos como abominações, mas somente este pecado específico é distinguido como uma abominação. O uso de *to'ebah* em Ezequiel, em referência ao pecado de Sodoma, é um eco de Levítico 18 e 20. Os pecados de Sodoma eram muitos: orgulho, injustiça social e seguir comportamento homossexual.

(2) A literatura do judaísmo do Segundo Templo (o tempo entre a reconstrução do templo em 516 aC e o final da destruição do templo em 70 dC) mostra que a reputação de Sodoma por comportamento homossexual não pode ser explicada como uma invenção do século I, elaborada por Filo ou Josefo. Considere, por exemplo, as seguintes passagens, todas do século II antes de Cristo:

> Mas vós, meus filhos, não sereis assim. No firmamento, na terra, no mar, em todos os produtos de sua criação, reconhecereis o Senhor, que fez todas as coisas, para que não vos torneis como Sodoma, que se apartou da ordem da natureza. De modo semelhante os Vigilantes se apartaram da ordem da natureza; o Senhor pronunciou uma maldição sobre eles no Dilúvio (*Testamento de Naftali* 3.4-5).

> Com base nas palavras de Enoque, o Justo, eu vos digo que sereis sexualmente promíscuos, como a promiscuidade dos sodomitas, e perecereis, com poucas exceções (*Testamento de Benjamim* 9.1).

> E, naquele mês, o Senhor executou o julgamento de Sodoma, Gomorra, Zeboim e todo o distrito do Jordão. E as queimou com fogo e enxofre, e as destruiu até este dia (como ele disse): "Eis que

O QUE A BÍBLIA ENSINA SOBRE A HOMOSSEXUALIDADE?

vos fiz conhecer todas as obras deles, que (eram) cruéis e grandes pecadores e estavam poluindo a si mesmos, e fornicando na carne, e causando poluição na terra". E assim o Senhor executará julgamento como o julgamento de Sodoma nos lugares em que as pessoas agem de acordo com a poluição de Sodoma (*Jubileus 16.5*).[4]

Em todas as três citações, Sodoma é um exemplo de pecado sexual odioso. A linguagem de fornicar e de poluir a si mesmos nos *Jubileus* sugere que a transgressão sexual de Sodoma foi de um tipo singular – não meramente fornicação, porém algo mais contaminador. De modo semelhante, o Testamento de Naftali fala do afastamento de Sodoma da "ordem da natureza". É verdade que o texto também fala dos "Vigilantes" angelicais (ou seja, os Nefilins em Gênesis 6), que se apartaram da ordem da natureza por fazerem sexo com as filhas dos homens, mas isto é por meio de comparação (e não de identificação) com o pecado de Sodoma. O *Testamento de Naftali* admoesta a que "não vos torneis como Sodoma". Faz mais sentido, portanto, que o pecado em questão seja atividade homossexual e não sexo com os anjos. Certamente, o primeiro era uma possibilidade muito mais real na cultura da época do que o segundo.

---

4 James H. Charlesworth, ed., *The Old Testament Pseudepigrapha*, 2 vols. (Peabody, MA: Hendrickson, 2009 [1983], 1.812; 1.827; 2.35 respectivamente). Ver também Thomas E. Schmidt, *Straight and Narrow? Compassion and Clarity in the Homosexual Debate* (Downers Grove, IL: InterVarsity Press, 1995), 88-89.

Conclusão: Sodoma tinha uma reputação de mais do que injustiça social. A cidade era um sinônimo de pecado sexual e, provavelmente, de pecado homossexual. Um grafite em Pompeia, que foi destruída por erupção vulcânica em 79 DC, indica uma florescente subcultura homossexual naquela cidade. No meio do grafite – que, no nível de grosseria insensata, é semelhante ao que se poderia esperar ler num banheiro de posto de gasolina – há uma referência a "Sodoma e Gomorra", aparentemente escrita por um judeu ou um cristão primitivo, que equiparou a prática de homossexualidade com os pecados dessas cidades bíblicas.[5]

(3) Acima de tudo, Sodoma e Gomorra são associadas com a prática homossexual no Novo Testamento. Judas 7 diz: "Como Sodoma e Gomorra, e as cidades circunvizinhas, que, havendo-se entregado à prostituição como aqueles, seguindo após outra carne, são postas para exemplo do fogo eterno, sofrendo punição". A expressão "outra carne" (*sarkos heteras*) levou alguns eruditos a argumentarem que o pecado em vista é fazer sexo com anjos. Esta interpretação é possível, mas é melhor entendermos "outra carne" como uma referência a homem deitando-se com homem, em vez de com uma mulher (como dizia a lei de Moisés em Levítico 18.22 e 20.13). Seria difícil responsabilizar os homens de Sodoma por praticarem sexo com anjos, quando não tinham a menor ideia de que os hóspedes de Ló eram seres angelicais. Além disso, de acor-

---

[5] Acha-se em Thomas K. Hubbard, ed. *Homosexuality in Greece and Rome: A Sourcebook of Basic Documents* (Berkeley, CA: University of California Press, 2003), 384- 422-23.

do com Judas, "as cidades circunvizinhas" se deram a seguir *sarkos heteras*. Devemos pensar que as outras cidades da região também se deram ao sexo com anjos? É mais plausível concluir que o pecado designado por "outra carne" é o pecado de atividade homossexual.

Certamente, a cena em Gênesis 19 parece muito diferente de dois homens ou duas mulheres entrando numa relação sexual consensual e comprometida. O argumento contra a intimidade sexual homossexual é menos óbvio no relato de Sodoma e Gomorra do que de outras passagens que consideraremos. Mas, apesar disso, a destruição dessas cidades infames não é irrelevante para o assunto que temos em mãos. Desde a alusão de Ezequiel à percepção de Sodoma em outras literaturas judaicas e à menção do desejo não natural em Judas, vemos que Sodoma tinha uma reputação de pecado sexual em geral e pecado homossexual em particular. Embora a violência associada com o comportamento homossexual em Sodoma tenha tornado pior a ofensa, a natureza do próprio ato contribuiu para a estimativa amplamente negativa da cidade. Sodoma e Gomorra eram culpadas de muitos pecados graves. Não temos de provar que a prática homossexual era o único pecado para evidenciar que era um deles.

3

LEVANDO A SÉRIO UM LIVRO ESTRANHO

LEVÍTICO 18, 20

Dois versículos no livro de Levítico falam diretamente sobre a questão da homossexualidade:

Com homem não te deitarás, como se fosse mulher; é abominação (18.22).

Se também um homem se deitar com outro homem, como se fosse mulher, ambos praticaram coisa abominável; serão mortos; o seu sangue cairá sobre eles (20.13).

Não surpreendentemente, estes dois versículos têm gerado muita controvérsia em anos recentes. Em especial, duas perguntas gerais precisam ser respondidas a respeito destas proibições. Primeira, que pecado é proibido em Levítico 18.22 e 20.13? Segunda, estes mandamentos têm vigência permanente para os cristãos, que não estão obrigados à aliança da lei de Moisés?

Que pecado?

A fim de respondermos à primeira pergunta, voltemos um pouco e entendamos a principal ideia no livro de Levítico. A palavra *santo* ou *santidade* ocorre 87 vezes, em Levítico. Santidade é o tema predominante no livro. Todo o sistema de adoração de Israel presumia a santidade de Deus como seu ponto de partida. Temos pessoas santas (sacerdotes), com vestes santas, numa terra santa (Canaã), num lugar santo (tabernáculo), usando utensílios e objetos santos, celebrando dias santos, vivendo por uma lei santa, para que fossem um reino de sacerdotes e uma nação santa.

A segunda metade de Levítico, do capítulo 17 em diante, é algumas vezes chamada Código de Santidade, porque detalha como os israelitas deveriam viver como povo do Deus santo. Levítico 19.2 nos dá o mandamento e o motivo fundamentais: "Santos sereis, porque eu, o SENHOR, vosso Deus, sou santo". O capítulo 18 trata de santidade relacionada à família e à atividade sexual. Levítico 18 não nos diz tudo que precisamos saber a respeito de sexo, mas nos dá as regras básicas: o incesto é mau (vv. 6-27); ter uma esposa rival é mau (v. 18); ter contato com impureza menstrual é mau (v. 19); o adultério é mau (v. 20); matar nossos filhos é mau (v. 21); atividade homossexual é má (v. 22);

e bestialidade é má (v. 23). Se o povo de Deus se tornasse impuro por essas coisas, seriam expulsos da terra, como haviam sido as nações que viveram lá antes deles (vv. 24-30).

A pergunta a respeito do tipo de homossexualidade proibida pelo Código de Santidade é relativamente franca. As outras leis contra pecado sexual em Levítico não são qualificadas de maneira alguma. Não achamos indicações de que o incesto poderia ser aceitável, se acontecesse entre adultos que o consentissem ou que a bestialidade poderia ser apropriada, se os homens e as mulheres não perdessem sua identidade de gênero. No texto, não há nenhuma razão para que seja qualificada a proibição contra a homossexualidade ou contra qualquer outro pecado. Na verdade, o fato de que Levítico 18 gasta tanto espaço definindo quais relações sexuais são pecaminosamente muito "próximas" e, portanto, incestuosas (vv. 6-17) sugere que nenhuma análise minuciosa é necessária com respeito à homossexualidade, porque sua condenação é total. Nos casos em que a homossexualidade era condenada entre os assírios ou entre os hititas, era frequentemente em termos específicos para um ato específico (por exemplo, o caso de um homem que violentava seu filho).[1] No entanto, não há qualquer sugestão em Levítico de que estamos falando apenas sobre um tipo restrito de comportamento homossexual.

Crucialmente, o pecado abordado em Levítico 18.22 e 20.13 é descrito de uma maneira que se reporta à ordem cria-

---
1 Gordon J. Wenham, "The Old Testament Attitude to Homosexuality", *Expository Times* 102, no. 9 (1991): 360-61.

da. O texto não diz nada sobre um homem mais velho e um jovem. Usa a linguagem genérica de "macho", estipulando que um homem não se deitará como um macho como se fosse uma mulher. A expressão "como se fosse mulher" é significativa. Traz à mente Gênesis 2, que relata o ato de Deus em criar a mulher do lado do homem, para que fosse sua auxiliadora e seu complemento singular. A razão para a proibição do comportamento homossexual na lei de Moisés, e a razão por que as proibições são afirmadas tão completamente, é que os homens foram criados para terem sexo com mulheres e não com outros machos. A consideração principal (de fato, a única mencionada no texto) é o gênero dos envolvidos na atividade sexual. Quer os participantes estivessem dispostos ou fossem de idade, isso não entra em consideração no texto. É provável que Levítico 20.23 – com a linguagem "ambos praticaram coisa abominável" – seja uma maneira eufemística de condenar os papéis ativo e passivo no comportamento homossexual.

De modo semelhante, as proibições contra o comportamento homossexual não podem ser reduzidas a categorias de vitimização. Afinal de contas, *ambas* as partes deveriam receber a pena de morte. A lei de Moisés não prescrevia nenhuma punição para uma mulher possuída forçosamente por um homem (Dt 22.25-26). Se isto fosse uma questão de estrupo homossexual (às mãos de um senhor, ou de um exército conquistador, ou de uma turba violenta), somente o agressor seria morto. Levítico está fazendo mais do que declarar ilegal o comportamento homossexual involuntário.

Israel deveria ser santo porque Jeová era santo. Como nação santa, o povo de Deus deveria ser diferente dos povos e culturas circunvizinhas – o que envolvia uma ética sexual radicalmente diferente. E isso significava uma proibição total contra todo tipo de comportamento homossexual.[2] O plano de Deus para a intimidade sexual no jardim era um homem com uma mulher – não parentes próximos, não a esposa de outro homem, não um homem com um animal, nem dois homens, nem duas mulheres. O padrão que vemos em Gênesis é o padrão que vemos refletido no Código de Santidade de Levítico.

Ainda relevante?

Se a primeira pergunta estava relacionada com o pecado proibido em Levítico 18.22 e 20.13, a segunda pergunta tem a ver com a importância destas proibições. Que importa se Levítico diz que a prática homossexual é errada? Levítico diz muitas coisas estranhas. Que tal cobrar juros em empréstimos? Vestir roupas com dois tipos de tecido? Comer bacon? Fazer sexo com a esposa durante seu período mensal? Não somos culpados de selecionar e escolher que mandamentos ainda são importantes? Como podem dois pequenos versículos, num livro cheio de mandamentos que ignoramos constantemente, ter qualquer relevância para a igreja hoje?

---

2 Embora Levítico mencione apenas a homossexualidade masculina, o lesbianismo (se conhecido na época) certamente teria sido proibido por implicação necessária.

Há seis razões por que não podemos rejeitar Levítico 18.22 e 20.13 e por que devemos ver estas proibições como uma expressão da vontade moral imutável de Deus.

(1) Nenhum discípulo de Jesus deveria começar com a suposição de que os mandamentos da lei mosaica são amplamente irrelevantes. Jesus mesmo insistiu em que não viera para abolir a menor porção da lei (Mt 5.17-18). Jesus falou em cumprir a Escritura do Antigo Testamento, mas nunca falou em dispensá-la casualmente. Certamente, o discipulado na nova aliança é diferente da vida na antiga aliança. Todos os alimentos são declarados puros (Mc 7.19); dias santos se tornaram opcionais (Rm 14.5-6); todo o sistema de sacrifícios no templo, os sacerdotes e os sacrifícios foram relegados (Hb 7.1-10.18). Jesus traz a Escritura à completude, ao clímax, ao objetivo tencionado. Entretanto, isto é muito diferente de supor que seções pouco conhecidas de Levítico devam ser descartadas automaticamente. No sentido mais verdadeiro, *nada* no Antigo Testamento deve ser descartado. Toda a Escritura foi inspirada por Deus e é proveitosa para o cristão (2 Tm 3.16-17). Até o obsoleto sistema de sacrifícios ainda nos ensina sobre a natureza da adoração espiritual e do verdadeiro discipulado (Rm 12.1-2). Cada lei no Antigo Testamento revela algo sobre o caráter de Deus e a natureza de nossa obediência. Se o princípio que fundamenta Levítico 18.22 e 20.13 é algo mais do que "Deus não aprova o comportamento homossexual", então, isso precisa ser provado com base na Escritura, não apenas afirmado com base numa rejeição casual da instrução do Antigo Testamento.

(2) Não há no Novo Testamento nenhuma indicação de que Levítico deva ser tratado como especificamente obscuro e secundário. Muito pelo contrário. Jesus se referiu a Levítico 19.18 ("amarás o teu próximo como a ti mesmo") mais do que a qualquer outro versículo do Antigo Testamento, e o Novo Testamento se refere a ele dez vezes. Os apóstolos Pedro e Paulo também citaram Levítico como parte de suas exortações à santidade (2 Co 6.16, citando Lv 26.12; 1 Pe 1.16, citando Lv 11.44). Os autores do Novo Testamento não hesitaram em recorrer a Levítico, o livro preeminente sobre santidade em suas Bíblias, para acharem instrução e exortação para o viver santo. Em 1 Coríntios 5, Paulo apelou diretamente à lei de Moisés – Levítico 18.8; Deuteronômio 22.30; 27.20 – para estabelecer a pecaminosidade do incesto (um procedimento que ele fez de novo em 1 Coríntios 6, com respeito à homossexualidade). Paulo achou em Levítico obrigações morais que ainda são vigentes para o cristão. A ética sexual do Antigo Testamento não foi ab-rogada como o sistema de sacrifícios, mas estendida para a igreja primitiva. A lei é boa, se alguém se utiliza dela de modo legítimo (1 Tm 1.8).

(3) A palavra que Paulo usou e foi traduzida por "sodomita" (1 Co 6.9; 1 Tm 1.10) era derivada de duas palavras – *arsēn* (homem) e *koitē* (cama) – achadas em Levítico 18.22 e 20.13 (Septuaginta). Não há ocorrências da palavra (*arsenokoitai*) anterior a Paulo. Até muitos eruditos revisionistas concordam em que Paulo cunhou a palavra a partir de Levítico (quanto à discussão completa, ver capítulo 5). Também pode haver

uma alusão ao veredito de Levítico 20.13 ("ambos praticaram coisa abominável"), em Romanos 1.24 ("Deus entregou tais homens... para desonrarem o seu corpo entre si").

(4) Levítico usa linguagem forte ao denunciar o comportamento homossexual, chamando-o "abominação". Fora de Levítico, a palavra hebraica *to'ebah* aparece 43 vezes em Ezequiel, e 68 vezes no resto do Antigo Testamento com respeito a pecados especialmente graves.[3] Não podemos reduzir *to'ebah* a mero tabu social ou a impureza ritual. A palavra significa geralmente algo que o Senhor abomina. "Seis coisas o SENHOR aborrece", Provérbios declara, "e a sétima a sua alma abomina" (6.16; cf. Dt 12.31). Como autores revisionistas estão prontos a ressaltar, todos os pecados sexuais em Levítico 18 são agrupados sob o termo "abominações" (vv. 26-27, 29-30), mas somente o sexo de homem com homem é destacado como uma abominação. De fato, é o único ato proibido que recebe essa designação em todo Código de Santidade. A pena de morte, para ambas as partes, também expressa a seriedade da ofensa aos olhos de Deus.

(5) A referência ao período menstrual da mulher (18.19; 20.18) não deveria pôr em dúvida o resto da ética sexual descrita em Levítico 18 e 20. Inicialmente, em ambos os capítulos há uma progressão clara de pecado sexual, que vai se afastando em medida crescente do propósito de monogamia macho-fêmea. Em Levítico 18.19-23, as ofensas se movem de sexo com

---

3 Ver Robert A. J. Gagnon, *The Bible and Homosexual Practice: Texts and Hermeneutics* (Nashville, TN: Abingdon, 2001), 117-20.

uma mulher menstruada para sexo com a mulher do próximo, para sexo com outro homem, para sexo com animal. Cada nova ofensa é outro passo para longe do desígnio de Deus. De modo semelhante, em Levítico 20.10-16 as ofensas se movem de sexo com a mulher do próximo, para sexo com um membro da família, para sexo com um membro da família de geração mais nova, para sexo com outro homem, para sexo com mais do que um parceiro, para sexo com animal, para uma mulher que assume o papel de um homem em se aproximar de um animal para fazer sexo com ele. Ter sexo durante a impureza menstrual de uma mulher é o mais baixo degrau da escada no capítulo 18, e não faz parte da progressão no capítulo 20.

Além disso, temos de entender o que o Antigo Testamento quer dizer por "impureza". Levítico 18.19 proíbe um marido de fazer sexo com sua mulher durante o tempo em que o sangue está sendo liberado, pois isso o tornaria impuro por causa da impureza dela. A questão, portanto, é se a menstruação ainda torna uma mulher impura. A menstruação não era um pecado (nenhum sacrifício era exigido para expiá-la). Era uma questão de impureza ritual. Mas, com a vinda de Cristo – e a eliminação do sistema de sacrifícios, do templo e do sacerdócio levítico – todo o sistema que exigia pureza ritual foi removido. No Antigo Testamento, nem toda impureza era pecado, mas todo pecado tornava uma pessoa impura. Como Jonathan Klawans comenta na *Bíblia de Estudo Judaica*, a impureza ritual e a impureza moral são duas categorias análogas mas distintas.[4]

---

4 Jonathan Klawans, "Concepts of Purity in the Bible", em *The Jewish Study Bible*, ed. Adele

O QUE A BÍBLIA ENSINA SOBRE A HOMOSSEXUALIDADE?

Pureza ainda é importante no Novo Testamento, mas se torna uma categoria exclusivamente moral e não uma categoria ritual. Pureza se refere àqueles atos que são moralmente puros aos olhos de Deus; é por isso que a fé da mulher de hemorragia (menstruação), mencionada em Lucas 8, era mais importante do que os doze anos de sua hemorragia (vv. 43-48). A lição de Levítico 18.19 não é "descarte todo o capítulo", mas "refreie-se de toda atividade sexual que o torne impuro".

(6) Exceto a questão de sexo durante a menstruação, a ética sexual de Levítico 18 e 20 é reafirmada francamente no Novo Testamento. O adultério ainda é um pecado (Mt 5.27-30). O incesto ainda é um pecado (1 Co 5.1-13).[5] Até a poligamia é rejeitada claramente (1 Co 7.2; 1 Tm 3.2). Seria estranho que a proibição contra a prática homossexual fosse deixada de lado quando o resto da ética sexual não é, levando em conta especialmente a maneira como a rejeição do comportamento homossexual está arraigada na ordem criada.

O raciocínio contra a importância permanente de Levítico parece convincente a princípio, mas os argumentos equivalem frequentemente a pouco mais do que utilização de jargões. Qualquer pessoa que estude a Bíblia como uma disciplina séria entende que lidar com a relação entre o Antigo e o

---

Berlin e Marc Zri Brettler (Oxford: Oxford University Press, 2004), 2041-47. Sou grato a Robert Gagnon por haver me indicado a obra de Klawans.

5 É importante notar, com base nesta passagem bíblica, que as penalidades de morte ou banimento do Antigo Testamento ou por causa de pecado odioso são realizadas agora na igreja do Novo Testamento por meio de excomunhão. "Expulsai... de entre vós o malfeitor" (1 Co 5.13), que Paulo usou para se referir à excomunhão, é emprestada dos textos sobre penalidade de morte em Deuteronômio (cf. 17.7; 19.19).

Novo Testamento pode ser algo complicado. Não adotamos a lei de Moisés como nosso pacto de membresia da igreja. Também não rejeitamos a graciosa autorrevelação de Deus na Torá, por causa de uma proibição a respeito de comer moluscos.[6] Levítico fazia parte da Bíblia que Jesus lia, a Bíblia em que Jesus acreditava e a Bíblia que Jesus não quis abolir. Devemos levar a sério o que o Código de Santidade nos revela a respeito do caráter santo de Deus e de como as pessoas santas devem viver. Mesmo deste lado da cruz, os mandamentos de Levítico ainda são importantes. Quando os gentios entraram na igreja, séculos depois, não tiveram de se tornar judeus (1 Co 7.19), mas, em harmonia com a lei moral de Deus, tiveram de deixar para trás a imoralidade sexual (5.11; 6.18; 10.8).

---

6 Ver, por exemplo, o proveitoso texto de Tim Keller, "Making Sense of Scripture's Inconsistency", The Gospel Coalition, July 9, 2012, http://www.thegospelcoalition.org/article/making-sense-of-scriptures-inconsistency.

4

O CAMINHO DOS ROMANOS NA DIREÇÃO ERRADA

ROMANOS 1

A abordagem mais detalhada e significativa a respeito de homossexualidade se acha no primeiro capítulo da carta mais importante na história do mundo. Romanos 1 reforça, com clareza inequívoca, tudo o que já vimos até esta altura com base no Antigo Testamento; ou seja, que a prática homossexual é um pecado grave e uma violação da ordem criada por Deus.

Vamos tentar analisar o argumento de Paulo em Romanos 1.18-32 e entender por que ele conclui que a atividade homossexual, como a idolatria, é uma afronta ao desígnio do Criador.

Ira revelada (vv. 18-20)

A ira de Deus se revela do céu contra toda impiedade e perversão dos homens que detêm a verdade pela injustiça; porquanto o que de Deus se pode conhecer é manifesto entre eles, porque Deus lhes manifestou. Porque os atributos invisíveis de Deus, assim o seu eterno poder, como também a sua própria divindade, claramente se reconhecem, desde o princípio do mundo, sendo percebidos por meio das coisas que foram criadas. Tais homens são, por isso, indesculpáveis.

O argumento de Romanos 1 é encadeado pela interação de duas revelações. A justiça de Deus é revelada por meio da mensagem salvadora do evangelho (vv. 16-17), enquanto a ira de Deus é revelada por meio da punição de Deus contra a impiedade e a injustiça (v. 18). Ambas as revelações dependem de conhecimento. Não podemos ser salvos pela fé sem o conhecimento do evangelho (cf. 10.14-15), ao passo que, por outro lado, não seríamos julgados se não tivéssemos algum conhecimento de Deus por meio do mundo criado (1.19-20). Deus é sempre justo. Ele não condena o inocente e o ignorante.

Entretanto, os versículos 19 e 20 nos informam que não há ninguém inocente porque ninguém é totalmente ignorante (cf. 3.10-18, 23). Com base na ordem natural e na lei escrita em nosso coração, conhecemos a verdade a respeito de Deus ou, pelo menos, o suficiente da verdade para nos deixar sem desculpas (Sl 19.1-6; Ec 3.11; Rm 2.14-15). A ira de Deus *é* revelada – na entrega de uma iniquidade maior (Rm 1.24, 26, 28)

– e *será* revelada no dia do julgamento (2.5), porque os povos do mundo detêm a verdade a respeito de Deus e não o adoram como ele deseja e merece.

Depois de explicar a triste situação do mundo caído (especificamente, o mundo gentílico), Paulo explica, em mais detalhes, como a verdade sobre Deus tem sido detida pela injustiça. A depravação humana desenfreada pode ser vista em três mudanças.

Primeira mudança (vv. 21-23)

Porquanto, tendo conhecimento de Deus, não o glorificaram como Deus, nem lhe deram graças; antes, se tornaram nulos em seus próprios raciocínios, obscurecendo-se-lhes o coração insensato. Inculcando-se por sábios, tornaram-se loucos e mudaram a glória do Deus incorruptível em semelhança da imagem de homem corruptível, bem como de aves, quadrúpedes e répteis.

Primeiramente, vemos a impiedade dos homens em mudarem a glória do Deus imortal pela tolice da idolatria (v. 23). Em vez de darem graças ao Deus do céu, as nações do mundo adoram imagens em semelhança de seres humanos, pássaros, animais e répteis (e nossos ídolos de poder, dinheiro e aprovação, às vezes menos visíveis, mas não menos insidiosos, não são melhores). Essas trevas procedem de um pensar fútil e de um coração insensato (Is 44.9-20).

Segunda mudança (vv. 24-25)

Por isso, Deus entregou tais homens à imundícia, pelas concupiscências de seu próprio coração, para desonrarem o seu corpo entre si; pois eles mudaram a verdade de Deus em mentira, adorando e servindo a criatura em lugar do Criador, o qual é bendito eternamente. Amém!

Em segundo, vemos a impiedade dos homens em mudarem a verdade sobre Deus em mentira. Os povos pagãos do mundo têm servido à criatura em vez de adorarem ao Criador. É importante notar que a transição da primeira para a segunda mudança é marcada por Deus entregar "tais homens à imundícia" (v. 24). Vemos isto depois de cada mudança: Deus entrega, progressivamente, pecadores a mais e mais impiedade. Neste passo do processo, Deus os entrega à imundícia (*akatharsia*), uma palavra que, no Novo Testamento, está quase sempre associada com imoralidade, especialmente imoralidade sexual. O fato de que Paulo não estava pensando em mera impureza ritual é claro pela maneira como ele usa *akatharsia* em seus escritos (Rm 6.19; 2 Co 12.21; Gl 5.19; Ef 4.19; 5.3; Cl 3.5; 1 Ts 2.3; 4.7) e pela referência a "desonrarem o seu corpo", na segunda metade do versículo 24.

Terceira mudança (vv. 26-27)

Por causa disso, os entregou Deus a paixões infames; porque até as mulheres mudaram o modo natural de suas relações íntimas por outro, contrário à natureza; semelhantemente, os homens também, deixando o contato natural da mulher, se inflamaram mutuamente em sua sensualidade, cometendo torpeza, homens com homens, e recebendo, em si mesmos, a merecida punição do seu erro.

O próximo passo na progressão do pecado é Deus entregando os gentios a paixões desonráveis. Isto leva à terceira mudança: abandonar as relações naturais com pessoas do sexo oposto por relações com pessoas do mesmo sexo. O interesse de Paulo não é classificar a relativa odiosidade do pecado homossexual. Embora ele sustentasse a distinção do Antigo Testamento entre pecados não intencionais e pecados obstinados (Nm 15.27-31), seu ponto é mais ilustrativo do que avaliativo. Na mente de Paulo, a intimidade sexual homossexual é uma ilustração especialmente clara do impulso idólatra dos homens para se afastarem da ordem e do desígnio de Deus. Aqueles que detêm a verdade sobre Deus, conforme revelada na natureza, detêm a verdade a respeito de si mesmos descrita na natureza. A prática homossexual é um exemplo num plano horizontal de rebelião vertical contra Deus.

A ênfase em mudança deixa claro que Paulo estava pensando em atividade homossexual em geral e não apenas no tipo "mau" de homossexualidade. A questão não pode ser pederastia, porque não há nenhum registro de intimidade sexual adulto-jovem entre mulheres no mundo antigo. De modo semelhante, a questão não pode ser relações entre senhor e escravo ou outro abuso sexual mais genérico, porque Paulo falou de ambas as partes serem inflamadas "em sua sensualidade" (v. 27). Gênero é o fator importante, não a orientação, nem exploração, nem dominação. A questão é mudar as relações naturais entre um homem e uma mulher por relações não naturais entre pessoas do mesmo sexo.

Autores revisionistas argumentam, às vezes, que o excesso era o verdadeiro problema. Os ímpios, na mente de Paulo, eram aqueles que, embora capazes de atração heterossexual, se tornavam insatisfeitos com sua atividade sexual costumeira, desejavam novas experiências e buscavam encontros homossexuais. Sem dúvida, muito da prática homossexual no mundo antigo era realizada por homens que também tinham sexo com mulheres, mas isto não significa que Paulo não tinha nenhum conceito de orientação ou que a categoria teria alterado sua conclusão final. Embora Paulo não tenha usado nosso vocabulário moderno, seu julgamento é o mesmo. O comportamento homossexual é um pecado, não de acordo com quem o pratica ou pela motivação com que o procuram, mas porque esse ato, como uma mudança dos que detêm a verdade, é contrário ao bom desígnio de Deus. Toda paixão direcionada para fins ilegítimos era considerada excessiva e sem autocontrole (Tt 1.12). A palavra que expressa a ideia de relações naturais (*kresis*), em Romanos 1.27, não fala do estado de nossos desejos, mas do estado de nosso desígnio.[1] O problema em "se inflamaram mu-

---

[1] Greg Koukl, "Paulo, Romans, and Homosexuality", Stand to Reason, February 4, 2013, http://www.str.org/articles/paul-romans-and-homosexuality#.VMZz8v7F-D1/.

tuamente", no versículo 27, não era a sua intensidade, mas o fato de que correspondia a renunciarem a complementaridade sexual natural do homem com mulher e cometerem atos vergonhosos com outros homens.

A expressão "contrário à natureza" traduz as palavras gregas *para physin*. A expressão foi usada comumente no mundo antigo para falar de formas de atividade sexual anormais, especialmente o comportamento homossexual. Achamos exemplos de *para physin* sendo usada em referência à prática homossexual por autores tão diferentes como Platão, Plutarco, Filo e Josefo.[2] Filósofos estóicos empregaram a expressão "contrário à natureza" com o mesmo sentido. Por exemplo, Musônio Rufo, um filósofo popular que viveu mais ou menos na mesma época do apóstolo Paulo, observou: "Mas, de todas as relações sexuais, as que envolvem adultério são as mais ilícitas e não menos toleráveis do que as de homens com homens, porque é uma coisa monstruosa e contrária à natureza".[3] Mesmo quando Paulo faz referência à natureza (*physis*), em 1 Coríntios 11.14 – uma passagem mais difícil para o conservador explicar, visto que ela tem a ver com o tamanho e o estilo de cabelo – o significado (se não a aplicação) é bastante claro: há um desígnio divino para a masculinidade e a feminilidade que não deve

---

[2] Ver Thomas E. Schmidt, *Straight and Narrow? Compassion and Clarity in the Homosexuality Debate* (Downers Grove, IL: InterVarsity Press, 1995), 79-80; Richard B. Hays, *The Moral Vision of the New Testament: A Contemporary Introduction to the New Testament Ethics* (New York: Harper One, 1996), 387-89.

[3] Thomas K. Hubbard, ed., *Homosexuality in Greece and Rome: A Sourcebook of Basic Documents* (Berkeley, CA: University of California Press, 2003), 394-95. A filosofia estóica se opunha a qualquer forma de sexo considerada não natural (Ibid. 10, 385).

ser transgredido. O uso da expressão por Paulo, em Romanos 11.24, afirmando que os gentios foram enxertados no povo de Deus "contra a natureza" (*para physis*), é um pouco diferente, mas ainda denota ordem e desígnio divinos.

Em última análise, não precisamos de estudos de palavras detalhados dos escritos de gregos, romanos e judeus helenistas para nos dizerem em que Paulo estava pensando. O contexto nos dá todas as indicações que precisamos. Não somente temos a linguagem de mudança; temos também alusões óbvias ao relato da criação em Gênesis:

- A criação do mundo é mencionada no versículo 20.
- O Criador é mencionado no versículo 25.
- A linguagem de animais, pássaros e répteis no versículo 23 ecoa Gênesis 1.30.
- O grego no versículo 23 reflete a versão da Septuaginta (em grego) de Gênesis 1.26; e ambas as passagens usam palavras idênticas para expressar *imagem, semelhança, homem, aves, quadrúpedes e répteis*.
- A linguagem de mentira (v. 25), de torpeza (v. 27) e a sentença de morte (v. 32) são alusões à queda em Gênesis 3.[4]

Com estas alusões à criação no pano de fundo, "natureza" pode significar mais do que "costumes e normas sociais prevalecentes". Quando Paulo censura o comportamento ho-

---

[4] Quanto a mais detalhes sobre estas conexões, ver Robert A. J. Gagnon, *The Bible and Homosexual Practice: Texts and Hermeneutics* (Nashville, TN: Abingdon, 2001), 289-93.

mossexual por ser contrário à natureza, não é como se ele estivesse condenando pessoas surdas por falarem com as mãos de uma maneira "não natural". Isso pode até ser uma boa analogia, mas é uma analogia que Paulo nunca faz, porque é uma analogia sobre a qual o relato da criação nunca fala. Por contraste, Gênesis tem muito a dizer sobre a natureza de complementaridade macho-fêmea. A prática homossexual é pecaminosa porque viola o desígnio divino na criação. De acordo com a lógica de Paulo, homens e mulheres que se envolvem em comportamento sexual homossexual – ainda que estejam sendo verdadeiros a seus próprios sentimentos e desejos – detêm a verdade de Deus em injustiça. Mudaram a conveniência das relações macho-fêmea por relações que são contrárias à natureza.

Morte merecida (vv. 29-32)

E, por haverem desprezado o conhecimento de Deus, o próprio Deus os entregou a uma disposição mental reprovável, para praticarem coisas inconvenientes, cheios de toda injustiça, malícia, avareza e maldade; possuídos de inveja, homicídio, contenda, dolo e malignidade; sendo difamadores, caluniadores, aborrecidos de Deus, insolentes, soberbos, presunçosos, inventores de males, desobedientes aos pais, insensatos, pérfidos, sem afeição natural e sem misericórdia. Ora, conhecendo eles a sentença de Deus, de que são passíveis de morte os que tais coisas praticam, não somente as fazem, mas também aprovam os que assim procedem.

Depois da terceira mudança, temos um entrega final – "Deus os entregou a uma disposição mental reprovável". Esta disposição mental reprovável produz miríades de pensamentos, atitudes e ações injustas; e a sentença para isso é a morte. Em um sentido, não devemos atribuir importância exagerada ao pecado de homossexualidade em face da extensa lista de pecados mencionados nos versículos 29 a 31. No entanto, o fato de que Paulo destaca as relações homossexuais como exemplo notório do coração humano detendo a verdade e se afastando de Deus sugere que não devemos considerar insignificante o que a Bíblia destaca como rebelião odiosa. Isso significa que devemos encarar francamente a grave acusação que a Palavra de Deus impõe contra os indivíduos e igrejas que "aprovam os que assim procedem" (v. 32). É um grave erro aos olhos de Deus incentivar e apoiar o que prejudica o nosso próximo e desonra o nosso Criador.

Também precisamos dizer que a virada de página para Romanos 2 não nega tudo o que foi dito em Romanos 1. Sem dúvida, Paulo está preparando um tipo de armadilha para os leitores judeus. Logo que seus compatriotas segundo a carne começam a ficar tranquilos por causa da condenação dos horríveis pecados dos gentios, Paulo vira o caso contra eles: "Portanto, és indesculpável, ó homem, quando julgas, quem quer que sejas; porque, no que julgas a outro, a ti mesmo te condenas; pois praticas as próprias coisas que condenas" (2.1). Paulo não está dizendo que todos são culpados de cada pecado mencionado em Romanos 1, ou mesmo nos versículos 28 a 32. O argumento de Paulo é que todos são culpados desses tipos de pecados e precisam de um Salvador. Ninguém é justo, todos pecaram e carecem da glória de Deus – essa é a conclusão para a qual Paulo está avançando (3.10-26). Até do outro lado da armadilha, em Romanos 2, vemos a indispensabilidade da santidade pessoal (6.1-23; 12.1-2) e as trevas da impureza sexual (13.11-14). A imundícia (*akatharsia*) exposta em Romanos 1.24 é a impureza (*akatharsia*) em Romanos 6.19, para a qual não devemos oferecer nossos membros (ou seja, órgãos sexuais) como escravos e da qual precisamos fugir.

Pensamento final

Não há nenhuma maneira de "resgatar" Paulo de sua forte condenação do comportamento homossexual. Não podemos fazer que "impuro" signifique "ritualmente impuro". Não podemos fazer que "contrário à natureza" signifique "fora do normal" ou "contra minha orientação pessoal". Não podemos fazer que este texto signifique nada mais do que pederastia, abuso e paixão excessiva. As alusões a Gênesis e a ênfase em "mudar" presente na intimidade homossexual não permitem qualquer outra conclusão, senão a tradicional: o povo de Deus não deve se envolver em comportamento homossexual ou dar aprovação àqueles que o fazem (1.32).

5

UMA NOVA MENSAGEM PROCEDENTE DE UM VELHO LUGAR

1 CORÍNTIOS 6; 1 TIMÓTEO 1

A vasta maioria das pessoas que estão lendo este capítulo nunca estudaram realmente o grego *koinê*, a língua do Novo Testamento. Apesar disso, este capítulo é sobre o significado de duas palavras gregas. Isso o torna um capítulo desestimulante para eu escrever e para você ler. Mas espero que, com algum pensamento cuidadoso e um pouco de senso comum, você acabe descobrindo que o assunto não precisa ser tão complicado como alguns o tornam.

Começarei por apresentar duas palavras gregas. Em seguida, afirmarei alguns pontos a respeito de como definir as palavras discutíveis. E, depois de tudo isso, focalizaremos a atenção em tentar descobrir o que estas duas palavras significam.

O QUE A BÍBLIA ENSINA SOBRE A HOMOSSEXUALIDADE?

Duas palavras discutíveis

As duas palavras em questão, *malakoi* e *arsenokoitai*, podem ser achadas em duas passagens diferentes do Novo Testamento. Eis o que dizem os versículos, no texto da versão Almeida Revista e Atualizada:

> Ou não sabeis que os injustos não herdarão o reino de Deus? Não vos enganeis: nem impuros, nem idólatras, nem adúlteros, nem efeminados, nem sodomitas [*oute malakoi oute arsenokoitai*], nem ladrões, nem avarentos, nem bêbados, nem maldizentes, nem roubadores herdarão o reino de Deus (1 Co 6.9-10).

> Sabemos, porém, que a lei é boa, se alguém dela se utiliza de modo legítimo, tendo em vista que não se promulga lei para quem é justo, mas para transgressores e rebeldes, irreverentes e pecadores, ímpios e profanos, parricidas e matricidas, homicidas, impuros, sodomitas [*arsenokoitai*], raptores de homens, mentirosos, perjuros e para tudo quanto se opõe à sã doutrina, segundo o evangelho da glória do Deus bendito, do qual fui encarregado (1 Tm 1.8-10).

Outras traduções parecem semelhantes a esta, exceto quando combinam *malakoi* e *arsenokoitai* numa única expressão ("homens que praticam a homossexualidade"). A maioria das versões da Bíblia traduzem separadamente as duas palavras. Quase todas as versões modernas ligam explicitamente *arsenokoitai* ao comportamento homossexual. A outra palavra em questão, *malakoi*, não é tratada tão uniformemente, mas, examinando as principais traduções, podemos ver que ela se refere a algum tipo de pecado relacionado à homossexualidade.

Como definir palavras difíceis

Como você pode ter imaginado, nem todos concordam em como melhor traduzir *malakoi* e *arsenokoitai*. Autores revisionistas argumentam que as palavras significam algo mais do que homens fazerem sexo com homens. Alguns dizem que estas palavras devem ser entendidas estritamente, referindo-se apenas a um tipo específico de comportamento homossexual, como pederastia ou prostituição. Outros afirmam que as palavras são muito amplas e se referem a qualquer homem do mundo antigo que parecia indevidamente feminino, passivo ou controlado por suas paixões. Em qualquer dos casos, o argumento dos revisionistas equivale à mesma coisa: as condenações em 1 Coríntios 6.9 e 1 Timóteo 1.10 não estão falando de relacionamentos homossexuais consensuais e comprometidos como os conhecemos hoje.

Antes de abordarmos as dificuldades de *malakoi* e *arsenokoitai*, talvez seja proveitoso considerarmos algumas questões relacionadas à definição de palavras bíblicas.

O QUE A BÍBLIA ENSINA SOBRE A HOMOSSEXUALIDADE?

(1) As versões bíblicas estão geralmente certas, em especial quando dizem, em essência, a mesma coisa. Pense nisto: cada versão da Bíblia foi elaborada por uma equipe de estudiosos com especialização em erudição bíblica e nas línguas originais. Isso não significa que eles não cometem erros ou que não podem aprender coisas novas, que ignoraram. Mas isso significa realmente que, depois de ler alguns comentários e examinar alguns artigos online, você não conhecerá o mundo antigo ou o grego *koinê* melhor do que eles conheciam. Se os tradutores pensavam que determinada palavra significava *realmente* X (como alunos de seminário e escritores de blogs são propensos a dizer), não a traduziriam como Y. Nossas traduções da Bíblia, por mais imperfeitas que possam ser, são traduções fiéis e confiáveis das línguas originais. Não precisam de decodificação.

(2) As palavras têm um campo semântico. Isto é uma maneira sofisticada de dizer que as palavras nem sempre significam exatamente a mesma coisa. Usando um exemplo da Bíblia, pense na palavra *mundo*. Ela pode se referir aos caminhos caídos da humanidade que não devemos amar (1 Jo 2.15-17), ou à raça humana caída que Deus amou tanto (Jo 3.16). Ao determinar o que palavras específicas significam na Bíblia, pode ser proveitoso ver a mesma palavra usada em outro texto grego. Mas precisamos ser cuidadosos. Os exemplos que achamos são frequentemente de autores diferentes, que escreveram de lugares diferentes e viveram em séculos diferentes. Ver como uma palavra discutida foi usada no mundo

antigo nos coloca no território das definições, mas raramente estudos de palavras serão decisivos, em especial se tivermos de ir muito longe do texto. Então, como sabemos o que as palavras significam?

(3) O contexto é o segredo. O passo mais importante em definir palavras difíceis é ver como elas são usadas no fluxo do texto. Que outras palavras estão ao seu redor? Que argumento o autor está tentando formular? Como ele usa a palavra em outros lugares do mesmo texto? A palavra é usada em outro texto escrito pelo mesmo autor? O significado lexical é melhor determinado por olharmos os círculos concêntricos que começam pequenos e se movem para fora. Platão, um filósofo grego que viveu 400 anos antes de Paulo, não é tão relevante para entendermos Paulo quanto Filo, um filósofo judeu quase contemporâneo de Paulo. E pesquisar a obra de Filo não é quase tão crucial quanto entender a formação cultural de Paulo, examinar as sentenças de Paulo e traçar os argumentos de Paulo.

Focalizando o essencial

Então, o que estas duas palavras significam? Vejamos primeiro *arsenokoitai* e em seguida *malakoi*.

Na literatura grega existente, não há exemplos de *arsenokoitai* anterior ao uso que Paulo fez desse termo em 1 Coríntios e 1 Timóteo. A palavra é composta de homem (*arsēn*) e cama (*koitē*) e poderia ser traduzida, literalmente, por "deitadores de homens na cama" ou "aqueles que levam machos para cama". Muito provavelmente, Paulo cunhou a palavra a partir das proibições contra o comportamento homossexual em Levítico 18 e 20. Lembre a formação cultural de Paulo: ele era um judeu, da tribo de Benjamim, instruído pelo famoso Gamaliel e educado de acordo com a forma mais rígida da lei de seus pais (At 2.23; cf. Fp 3.5-6). Paulo conhecia as Escrituras muito melhor do que conhecia quaisquer outros escritos. Se as peças de Shakespeare estão permeadas de alusões e imagens bíblicas, quanto mais deveríamos achar referências ao Antigo Testamento nos escritos de Paulo – um fariseu treinado impecavelmente e o eminente teólogo da igreja primitiva.

Não é necessário que você seja um erudito em grego para ver como Paulo obteve de Levítico a palavra *arsenokoitai*. Eis como são os texto relevantes na Septuaginta (a tradução grega do Antigo Testamento usada pelos judeus no século I):

Levítico 18.22: *meta* **arsenos** *ou koimēthēsē* **koit**ēn *gynaikos* ("Tu não te deitarás com um macho como com uma mulher").

Levítico 20.13: *hos an koimēthē meta* **arsenos** **koit**ēn *gynaikos* ("quem se deitar com um macho como com uma mulher").

Você pode ver, em especial no segundo texto, como o uso de Paulo de *arsenokoitai* é quase certamente extraído do Código de Santidade de Levítico. É claro em 1 Timóteo 1.9-10 que Paulo, ao falar de *arsenokoitai*, estava pensando de modo amplo sobre os pecados proibidos pelo Decálogo: "parricidas e matricidas" (quinto mandamento), "homicidas" (sexto mandamento), "impuros, sodomitas" (sétimo mandamento), "raptores de homens" (oitavo mandamento), "mentirosos, perjuros" (nono mandamento). Nenhum judeu pensava que os Dez Mandamentos permitiam a intimidade sexual homossexual, por isso nenhum deles ficaria surpreso em ver o comportamento homossexual – ou adultério, ou fornicação, ou prostituição, ou incesto, ou bestialidade, ou qualquer outra atividade sexual fora do casamento – incluído numa lista de pecados escrita pelo apóstolo Paulo.

Se Paulo queria chocar Timóteo, desconcertar seus amigos judeus e destruir a moral prevalecente na igreja primitiva, por admitir relações homossexuais consensuais, ele teria usado uma maneira obscura de introduzir essa mudança radical. Por que não usou a palavra *paiderastes* (pederastas, homens adultos que fazem sexo com rapazes), se isso era tudo que ele tinha em mente? De modo semelhante, se Paulo queria que seus leitores soubessem que ele estava se referindo apenas a formas abusivas de homossexualidade, não teria cunhado um termo a partir de uma porção da lei de Moisés em que todo sexo que envolve homem com homem é proibido. Paulo se opunha apenas a formas abusivas de incesto em 1 Coríntios 5? Na segunda metade de 1 Coríntios 6, ele estava dizendo àqueles coríntios envolvidos em imoralidade sexual para fugirem apenas das formas abusivas de adultério, fornicação e prostituição? Devemos supor realmente que Paulo – logo depois de ordenar a excomunhão por causa de pecado sexual (5.4-5, 13), de fazer referência à lei de Moisés (6.9) e antes de amparar a sua ética sexual na história da criação de Gênesis – queria dizer: "Obviamente, não estou falando em dois homens adultos que estão num relacionamento de longa duração"? E, se ele tencionava transmitir essa mensagem aos coríntios ou a Timóteo, como isso teria sido óbvio para eles?

Com base na etimologia da palavra e de suas raízes em Levítico, podemos ficar certos de que *arsenokoitai* carrega o significado básico "homens que fazem sexo com outros homens". "Sodomitas" não é uma boa tradução, porque não há nada em 1 Coríntios ou 1 Timóteo que ligue *arsenokoitai* com a história de Sodoma e Gomorra. De modo semelhante, "homossexuais" não deixa suficientemente claro se estamos falando de todos que experimentam atração homossexual ou daqueles que se identificam como gay ou algo mais. As melhores traduções comunicam a noção de atividade; *arsenokoitai* se refere a homens engajados em comportamento homossexual. É a torpeza que Paulo descreve em Romanos 1.27 como sendo cometida *arsenes en arsesin* ("homens em homens").[1] Esta é a razão porque as antigas traduções do Novo Testamento traduzem *arsenokoitai* como "homens que se deitam com homens" (Latina), "aqueles que se deitam com homens" (Siríaca) e "deitando-se com homens" (Copta).[2]

---

[1] A expressão *arsenes en arsesin* poderia ser melhor traduzida com o uso da preposição "com", mas "homens *em* homens" – que é como a Vulgata Latina traduz o grego (*masculi in masculos*) – é provavelmente uma referência explícita, embora vívida, ao próprio ato homossexual.

[2] Conforme citado em Robert A. J. Gagnon, *The Bible and Homosexual Practice: Texts and Hermeneutics* (Nashville, TN: Abingdon, 2001), 322.

E quanto à outra palavra debatida? O léxico padrão do Novo Testamento lista duas definições para *malakos* (singular de *malakoi*): "ser maleável ao toque" e "ser passivo numa relação homossexual".[3] A palavra pode significar delicado, como em roupas finas (Mt 11.8; Lc 7.25) ou efeminado, como em homens que são penetrados (como uma mulher seria) por outro homem.

Paulo poderia estar usando a palavra de maneira mais ampla para se referir a homens que haviam se tornado imensamente femininos em aparência ou comportamento? É possível que isso seja parte do que Paulo tencionava dizer ao usar *malakoi*, mas é improvável que seja tudo que Paulo queria dizer. Paulo considerava uma desgraça o homem ter cabelo semelhante ao de mulher (1 Co 11.14), mas nunca sugeriu que estilos de cabelo traziam risco à posição eterna diante de Deus. Seria estranho – e intolerável para a maioria dos cristãos do lado revisionista – pensar que Paulo estava excluindo do reino de Deus homens que tinha anseio por roupas finas e comédias românticas; *malakoi* deve se referir a algo muito mais sério.

A lista de pecados, em 1 Coríntios 6, foi elaborada especificamente para os coríntios. Nos capítulos 5 e 6, há uma série de erros ("Nem impuros [sexualmente imorais], nem idólatras [que pode incluir noções de pecado sexual[4]], nem

---

3 *A Greek-English Lexicon of the New Testament and Other Early Christian Literature*, Third Edition, rev. e ed. Frederick William Danker, baseado no léxico de Walter Bauer (Chicago: University of Chicago Press, 2000).

4 Ver, por exemplo, do apócrifo A Sabedoria de Salomão: "Porque a ideia de fazer ídolos foi o início da fornicação, e a invenção deles foi a corrupção da vida" (14.12). Ver também Ap 2.14, 20.

adúlteros, nem *malakoi*, nem *arsenokoitai*" [6.9]) relacionados aos problemas de pecado sexual na igreja. Depois, há mais cinco pecados ("nem ladrões, nem avarentos, nem bêbados, nem maldizentes, nem roubadores" [6;10]) relacionados aos problemas da igreja referentes à Ceia do Senhor, no capítulo 11. Espremida entre adúlteros (*moichoi*) e homens que praticam a homossexualidade (*arsenokoitai*), *malakoi* deve se referir a algum tipo de intimidade sexual imoral, não apenas a um padrão efeminado de maneira de falar, de comportamento ou de paixões.

Este entendimento de *malakoi* e *arsenokoitai* (conforme apresentado antes) se harmoniza com o consenso das traduções modernas da Bíblia, se harmoniza com a ética do Antigo Testamento, se harmoniza com o treinamento que Paulo teria recebido de um erudito judeu e, acima de tudo, se harmoniza com o contexto do argumento de Paulo. É como se 1 Coríntios 6 estivesse dizendo: "Não vos enganeis: os sexualmente imorais não herdarão o reino de Deus, e isto inclui aqueles que fazem sexo como parte de um ritual pagão, aqueles que fazem sexo com alguém que não seja a sua esposa, homens que fazem o papel passivo na atividade homossexual e – em concordância com a proibição geral que se acha na Torá – qualquer macho que faz sexo com outro macho". As palavras debatidas não são tão amplas que chegam a incluir comportamento heterossexual efeminado ou tão restritas que excluem tudo, exceto comportamento homossexual abusivo. Ambos os termos se referem a homens que fazem sexo com outros homens, os parceiros ativos e os passivos. Paulo está dizendo o que achamos difícil de ouvir, mas que o resto da Bíblia apoia e a maior parte da história da igreja tem admitido: a atividade homossexual não é uma bênção a ser celebrada e solenizada, e sim um pecado que precisa de arrependimento, perdão e abandono.

PARTE 2
RESPONDENDO A OBJEÇÕES

6

"A BÍBLIA QUASE NUNCA MENCIONA A HOMOSSEXUALIDADE"

O primeiro passo para deslegitimar o que a Bíblia diz sobre a homossexualidade é sugerir que a Bíblia quase nunca menciona qualquer coisa a respeito deste assunto. Como mencionei na introdução, em um sentido isto é verdadeiro. A Bíblia é um livro importante; e em seu âmago não está a retidão ou o erro da prática homossexual. Se você ler os 1.189 capítulos e os mais de 30.000 versículos da Bíblia, achará cerca de doze passagens que lidam explicitamente com a homossexualidade. Consideramos a maioria delas na parte 1 deste livro.

Então, isto significa que o ponto de vista tradicional do casamento está baseado em nada mais do que alguns poucos textos? É justo dizer que apenas seis ou sete passagens têm impedido, por séculos, os envolvidos em atividade homossexual de acharem aceitação na igreja? Denominações, amizades, organizações e instituições estão se dividindo por causa de pouquíssimos textos debatidos a respeito de um assunto secundário sobre o qual Jesus nunca disse coisa alguma? Ou, fazendo a pergunta de outro modo: se a Bíblia diz tão pouco sobre a homossexualidade, por que os cristãos insistem em falar tanto sobre isso?

Uma pergunta correta que tem muitas respostas
Permita expressar seis pontos como resposta:
(1) Precisamos lembrar que esta controvérsia não foi inventada pelos cristãos evangélicos. Se os tradicionalistas estão escrevendo blogs e livros às centenas, é porque os líderes revisionistas quiseram primeiramente ter a conversa. A razão por que há tanta discussão sobre questões como aborto, eutanásia e casamento homossexual é que muitos têm procurado legalizar e legitimar o que, até cinquenta anos atrás, era considerado imoral e ilegal. No que diz respeito aos assuntos culturais populares de nossos dias, não parece sábio evitar falar sobre o que todos os outros estão falando.

(2) A razão por que a Bíblia diz comparativamente pouco sobre a homossexualidade é que isso era um pecado quase incontroverso entre os judeus e os cristãos antigos. Não há nenhuma evidência de que o judaísmo antigo ou o cristianismo primitivo tolerassem qualquer expressão de atividade homossexual. A Bíblia fala muito sobre idolatria, hipocrisia religiosa, injustiça econômica e adoração pagã porque estes são pecados

comuns para o povo de Deus em ambos os testamentos. Os profetas não se levantaram contra a prática homossexual porque, como um pecado óbvio e ofensivo, era menos frequentemente cometido na comunidade da aliança. A Bíblia fala sobre a bestialidade ainda menos do que fala sobre a homossexualidade, mas isso não faz da bestialidade uma questão insignificante – ou o incesto, ou o abuso infantil, ou cinquenta outros pecados aos quais a Bíblia se refere muito pouco. Contar o número de versículos sobre um tema específico não é a melhor maneira para determinar a seriedade do pecado envolvido.

(3) Dizer isso não significa que a Bíblia se mantém em silêncio sobre a questão do comportamento homossexual. Tal comportamento é condenado explicitamente na lei de Moisés (Levítico) e usado como um exemplo vívido da rebelião humana na carta mais importante de Paulo (Romanos). É listado entre vários outros pecados sérios em duas cartas diferentes (1 Coríntios e 1 Timóteo). É uma das razões por que Deus destruiu as cidades mais infames referidas na Bíblia (Sodoma e Gomorra). E nem mencionamos todos os textos sobre casamento em Gênesis, em Provérbios, em Cântico dos Cânticos, em Malaquias, em Mateus e em Efésios. Quando a Bíblia fala em apenas um único versículo – como algo à parte, sem qualquer concordância na interpretação histórica – a respeito de pessoas se batizarem em favor de mortos (1 Co 15.29), estamos certos em pensar que isto não é uma questão que deve nos deter por muito tempo e uma questão sobre a qual não devemos ser muito dogmáticos. O testemunho bí-

blico referente ao comportamento homossexual não é assim tão obscuro ou tão isolado.[1]

(4) Além disso, não há nada ambíguo no testemunho bíblico concernente ao comportamento homossexual. Até muitos eruditos revisionistas reconhecem que a Bíblia é uniformemente negativa em relação à atividade homossexual. O erudito gay holandês Pim Pronk, depois de admitir que muitos cristãos estão ansiosos por ver a homossexualidade apoiada pela Bíblia, afirma claramente: "Neste caso, o apoio está ausente".[2] Embora não pense que posições morais tenham de ser dependentes da Bíblia (e isso é a razão por que ele pode apoiar o comportamento homossexual), como erudito ele reconhece que, "sempre que o coito homossexual é mencionado na Escritura... é condenado... Rejeição é uma conclusão inevitável; a avaliação dela não constitui um problema em passagem alguma".[3] Pronk reconhece que, toda vez que a Bíblia fala deste assunto, fala em uníssono. De modo semelhante, Dan O. Via, ao argumentar em favor do ponto de vista revisionista, em oposição a Robert Gagnon, reconhece: "O professor Gagnon e eu estamos em concordância substancial de que os textos

---

[1] Quantos versículos da Bíblia falam diretamente sobre a questão da homossexualidade? Robert Gagnon oferece a seguinte lista: Gn 9.20-27; 19.4-11; Lv 18.22; 20.13; Jz 19.22-25; Ez 16.50 (talvez 18.12 e 33.26); Rm 1.26-27; 1 Co 6.9; 1 Tm 1.10 e, provavelmente, 2 Pe 2.7 e Jd 7. Textos que se referem à prostituição homossexual cultual poderiam ser também acrescentados: Dt 23.17-18; 1 Rs 14.24; 15.12; 22.46; 2 Rs 23.7; Jó 36.14 e, talvez, Ap 21.8; 22.15. A Bíblia fala sobre a homossexualidade mais do que poderíamos imaginar (Robert A. J. Gagnon, *The Bible and Homosexual Practice: Texts and Hermeneutics* [Nashville, TN: Abingdon, 2001], 432.

[2] Pim Pronk, *Against Nature? Types of Moral Argumentation Regarding Homosexuality* (Grand Rapids, MI: Eerdmans, 1993), 323.

[3] Ibid., 279.

"A Bíblia quase nunca menciona a homossexualidade"

bíblicos que lidam especificamente com a prática homossexual a condenam de modo incondicional".[4] Nenhum argumento positivo em favor da homossexualidade pode ser formulado a partir da Bíblia, mas apenas argumentos de que os textos não significam o que parecem significar e de que textos específicos podem ser ignorados por outras considerações.

(5) Não podemos exagerar em quão seriamente a Bíblia trata o pecado de homossexualidade. O pecado sexual nunca é considerado *adiaphora*, uma questão de indiferença, um assunto em que podemos concordar ou discordar, como leis de alimentos ou dias santos (Rm 14.1-15-7). Pelo contrário, a imoralidade sexual é precisamente o tipo de pecado que caracteriza aqueles que não entrarão no reino do céu. Há pelo menos oito listas de pecados no Novo Testamento (Mc 7.21-22; Rm 1.24-31; 13.13; 1 Co 6.9-10; Gl 5.19-21; Cl 3.5-9; 1 Tm 1.9-10; Ap 21.8); e a imoralidade sexual está incluída em *cada uma* destas listas. De fato, em sete das oito listas há várias referências a imoralidade sexual (por exemplo, impureza, sensualidade, orgias, homens que praticam homossexualidade), e na maioria das passagens algum tipo de imoralidade sexual encabeça a lista. Você teria dificuldade para achar no Novo Testamento um pecado condenado mais frequentemente, mais uniformemente e mais seriamente do que o pecado sexual.

(6) Insistir em que Jesus nunca disse nada sobre a homossexualidade não é realmente exato. Ele não somente reafirmou

---

4 Dan O. Via e Rober Gagnon, *Homosexuality and the Bible: Two Views* (Minneapolis: Fortress Press, 2003), 93.

explicitamente o relato da criação do casamento como a união em uma só carne de um homem e uma mulher (Mt 19.4-6; Mc 10.6-9); ele condenou o pecado de *porneia* (Mc 7.21), uma palavra ampla que engloba todo tipo de pecado sexual. O principal léxico do Novo Testamento define *porneia* como "intercurso sexual ilícito, prostituição, impureza, fornicação".[5] De modo semelhante, James Edwards, erudito do Novo Testamento, diz que *porneia* "pode ser achada na literatura grega como referência a uma diversidade de práticas sexuais ilícitas, incluindo adultério, fornicação, prostituição e homossexualidade. No Antigo Testamento, ela ocorre em referência a qualquer prática sexual entre um homem e uma mulher fora do casamento que é proibida pela Torá".[6] Jesus não deu um sermão especial sobre a homossexualidade porque seus ouvintes entendiam que o comportamento homossexual era proibido no Pentateuco e considerado como uma das muitas expressões de pecado sexual (*porneia*), ilícitas para os judeus. Além de tudo isso, não há nenhum motivo para tratarmos as palavras de Jesus (que foram todas registradas não por ele mesmo) como mais autoritárias do que o resto da Bíblia. Ele afirmou a autoridade inabalável do Antigo Testamento (Mt 5.17-18) e entendia que seus discípulos seriam guiados a completar o verdadeiro significado de sua pessoa e obra (Jo 14.25-26; 16.12-15; cf. Lc 24.48-49; At 1.1-2).

---

[5] *A Greek-English Lexicon of the New Testament and Other Early Christian Literature*, Third Edition, rev. e ed. Frederick William Danker, baseado no léxico de Walter Bauer (Chicago: University of Chicago Press, 2000), 854.

[6] James R. Edwards, *The Gospel According to Mark*, Pillar New Testament Commentary (Grand Rapids, MI: Eerdmans, 2001), 213.

Uma terceira maneira

Quando a Bíblia diz uniforme e inequivocamente a mesma coisa sobre um pecado grave, parece insensato achar uma terceira maneira que permita às pessoas promoverem esse pecado. É claro que poderia haver uma terceira maneira, se as outras duas fossem "realizar casamentos homossexuais" ou "ser um idiota repulsivo e evitar os que discordam". Sem dúvida, muitos no lado tradicional precisam crescer em fazer perguntas, ouvir com paciência e demonstrar amor semelhante ao de Cristo. Mas aqueles que advogam uma terceira maneira querem dizer muito mais do que isso. Querem que as igrejas, denominações e instituições cheguem a um compromisso "de tolerância". Querem uma moratória em fazermos pronunciamentos definitivos até que todos tenhamos a chance de refletir mais longamente sobre as coisas. Com tantas emoções e tantas coisas a aprender, não deveríamos continuar conversando uns com os outros?

Conversar não é o problema. O problema é quando a conversa incessante se torna uma máscara para indecisão e até covardia. Como alguém que tem pastoreado por mais de 12 anos em uma das grandes denominações, tenho visto isto muito frequentemente. É a morte pelo diálogo. A conversa nunca para, mesmo depois de reafirmarmos a posição histórica. Há sempre outra tese, outro simpósio e outra rodada de conversa. A moratória de fazermos pronunciamentos será encerrada apenas quando a posição revisionista vencer. Toda doutrina central à fé cristã e preciosa para você, como cristão, tem sido intensamente debatida e disputada. Se a "conversa" sobre a ressurreição, a Trindade ou as duas naturezas de Cristo tivesse continuado, enquanto pessoas inteligentes de ambos os lados discordassem, há muito teríamos perdido a ortodoxia.

Todas estas três maneiras acabam na mesma conclusão: um comportamento que a Bíblia não aceita é tratado como aceitável. "Tolerância" soa como um compromisso humilde do tipo "fazemos concessões", mas é uma maneira sutil de dizer aos cristãos conservadores que a homossexualidade não é um pecado grave e que estamos errados em torná-la assim. Ninguém pensaria em propor uma terceira maneira se o pecado fosse racismo ou tráfico de seres humanos. Consentir tal mudança seria um sinal de ruína moral. Fidelidade à Palavra de Deus nos compele a ver a imoralidade sexual com a mesma seriedade. Viver uma vida de impiedade é contrário à sã doutrina que define o cristão (1 Tm 1.8-11; Tt 1.16). Trevas não devem ser confundidas com luz. A graça não deve ser confundida com licenciosidade. Pecado desenfreado não deve ser confundido com as boas novas de justificação sem as obras da lei. Em vez de tratar a anormalidade sexual como uma questão ética insignificante, o Novo Testamento a vê como uma questão de excomunhão (1 Co 5.), separação (2 Co 6.12-20) e uma tentação ao comprometimento perverso (Jd 3-16).

Não podemos considerar o comportamento homossexual como uma questão indiferente. É claro que a homossexualidade não é o único pecado no mundo, nem é o pecado mais crítico a ser abordado em muitos contextos de igreja. Mas, se

"A Bíblia quase nunca menciona a homossexualidade"

1 Coríntios está certo, não é exagero dizer que solenizar comportamento homossexual – assim como apoiar qualquer forma de imoralidade sexual – incorre no risco de conduzir pessoas para o inferno. A Escritura nos adverte frequentemente – nos termos mais severos – contra acharmos nossa identidade sexual à parte de Cristo e contra seguirmos uma prática sexual incoerente com nossa posição em Cristo (quer seja o pecado homossexual ou, muito mais frequentemente, o pecado heterossexual). Mas isto não é verdadeiro no que diz respeito a examinarmos nossa época e decidirmos que instrumentos usaremos no culto. Quando toleramos a doutrina que aprova o comportamento homossexual, estamos tolerando uma doutrina que leva pessoas para longe de Deus. Esta não foi a missão que Jesus deu a seus discípulos, quando lhes disse que ensinassem às nações todas as coisas que ele ordenou. O ensino bíblico é consistente e inequívoco: atividade homossexual não é a vontade de Deus para seu povo. Silêncio à luz de tanta clareza não é prudência, e hesitação à luz de tanta frequência não é paciência. A Bíblia diz mais do que o suficiente sobre a prática homossexual, para que nós também digamos algo.

7

"Não Esse Tipo de Homossexualidade"

Permita-me ser franco: a Bíblia não diz nada de bom sobre a prática homossexual. Essa talvez seja uma conclusão severa, mas não é tão controversa assim. Como já vimos, até alguns eruditos revisionistas admitem que, "onde o coito homossexual é mencionado na Escritura, ele é condenado".[1] Não há nenhum argumento positivo a ser formulado, com base na Bíblia, a favor do comportamento homossexual. Argumentos em favor de uniões homossexuais não se fundamentam em conclusões exegéticas que afirmam o homossexualismo; em vez disso, eles tentam mostrar que as interpretações tradicionais da Escritura são infundadas. Isso quer dizer que a única maneira pela qual os argumentos revisionistas

---

1 Pim Pronk, *Against Nature? Types of Moral Argumentation Regarding Homosexuality* (Grand Rapids, MI: Eerdmans, 1993), 279.

fazem sentido é se puderem mostrar que há uma distância insuperável entre o mundo da Bíblia e o nosso mundo.

De todos os argumentos em favor do comportamento homossexual, o argumento de distância cultural é o mais fundamental e o mais comum (pelo menos entre aqueles para os quais a autoridade bíblica ainda é importante). Embora a lei de Moisés, a carta de Paulo aos Romanos e as listas de pecados no Novo Testamento falem claramente contra o comportamento homossexual, estes textos (como se diz) estavam abordando um tipo diferente de comportamento homossexual. O mundo antigo não tinha nenhum conceito de orientação sexual, nenhum entendimento de uniões homossexuais igualitárias, amorosas, comprometidas, monogâmicas e pactuais. A questão não era o gênero (se os amantes eram macho ou fêmea), e sim a imagem pública do gênero (se um homem estava sendo extremamente efeminado e agindo como uma mulher). A questão não era homens fazendo sexo com homens, e sim homens fazendo sexo com rapazes. A questão não era intimidade sexual consensual de pessoas do mesmo sexo, e sim gangue de estrupo, desequilíbrios de poder e opressão sistêmica. O argumento revisionista pode assumir muitas formas, mas central à maioria delas está a alegação de "não esse tipo de homossexualidade!". Podemos ignorar seguramente as proibições da Escritura contra o comportamento homossexual porque estamos comparando maçãs com laranjas: estamos falando, em nossos dias, sobre parcerias comprometidas, consensuais e vitalícias, algo do que os autores bíblicos nada sabiam em seus dias.

"Não esse tipo de homossexualidade"

Apesar de sua frequência e popularidade, há pelo menos dois grandes problemas nesta linha de pensamento.

O silêncio nem sempre é valioso
Primeiramente, o argumento de distância cultural é um argumento baseado em silêncio. A Bíblia não limita, em nenhuma de suas passagens, sua rejeição da homossexualidade a formas de intimidade homossexual abusivas ou pederásticas (homem-rapaz). Levítico proíbe um homem de se deitar com outro homem como se fosse uma mulher (Lv 18.22; 20.13). O texto não diz nada sobre prostituição cultual, homens efeminados ou dominação sexual. A proibição é contra homens fazerem com homens o que deveria ser feito apenas com mulheres na aliança do casamento. De modo semelhante, o pecado homossexual condenado em Romanos 1 não é simplesmente paixão incontrolável ou o desejo masculino insaciável, que deseja homens em lugar de mulheres. De acordo com Paulo, o problema fundamental no comportamento homossexual é que homens e mulheres mudaram a relação sexual com o sexo oposto por relações antinaturais com pessoas do mesmo sexo (Rm 1.26-27; cf. vv. 22-25). Se os autores bíblicos tencionavam desaprovar apenas certos tipos de arranjo homossexual, não teriam condenado o ato homossexual em termos tão absolutos.

Visto que a Bíblia nunca limita sua rejeição do comportamento homossexual a pederastia ou a abuso, aqueles que pretendem afirmar o comportamento homossexual só podem formar um argumento com base no silêncio. O argumento segue, em geral, estes termos:

101

O QUE A BÍBLIA ENSINA SOBRE A HOMOSSEXUALIDADE?

- Houve muitos maus exemplos de comportamento homossexual no mundo antigo.
- Por exemplo, existem fontes antigas que descrevem pederastia, relações de senhor com escravo e promiscuidade selvagem.
- Portanto, quando a Bíblia condena o comportamento sexual homossexual, ela tinha em mente estes maus exemplos.

Este raciocínio pode ser compreensível, em especial quando chega até você com meia dúzia de citações de fontes antigas com as quais a maioria dos leitores não estão familiarizados. No entanto, o passo seguinte é mais uma suposição do que um argumento. Como podemos ter certeza de que Paulo tinha em mente estes maus exemplos? Se ele tinha, por que não usou a palavra grega que significava pederastia? Por que não advertiu os senhores a não abusarem dos escravos? Por que a Bíblia fala sobre homens se deitando com homens e a mudança do que é natural pelo que é contrário à natureza, se ela não estava pensando na ordem criada e tinha em mente apenas sexo predatório e casos amorosos promíscuos?

O que o texto diz?

A segunda razão por que o argumento de distância cultural fracassa é que ele é um argumento contrário à evidência. A linha de raciocínio traçada antes seria mais convincente se pudesse ser demonstrado que os únicos tipos de homossexualidade

"Não esse tipo de homossexualidade"

conhecidos no mundo antigo eram baseados em pederastia, vitimização e abuso. À luz disto, é estranho que vozes progressistas queiram que cheguemos a esta conclusão; significaria que parcerias comprometidas, consensuais e vitalícias eram totalmente desconhecidas e não vividas no mundo antigo. Parece humilhante sugerir que até muito recentemente na história do mundo não existissem exemplos de relacionamentos homossexuais sinceros, comprometidos e amorosos.

Isto talvez seja a razão por que um autor revisionista popular, ao usar o argumento de distância cultural para elaborar uma base bíblica a favor de relações homossexuais, admite: "Isto não quer dizer que *não haviam* [no mundo greco-romano] os que seguiam apenas relacionamentos homossexuais ou que algumas uniões homossexuais não eram marcadas por compromisso e amor de longa duração".[2] Entretanto, é claro que, se reconhecemos que o tipo de união homossexual que os progressistas querem abençoar em nossos dias já existia no mundo antigo, somente um apelo especial nos faria pensar que as proibições bíblicas não poderiam estar falando sobre *esse* tipo de relacionamento.

Como pastor, eu posso ler o texto grego, mas não sou perito em Platão, Plutarco ou Aristides. A maioria das pessoas que leem este livro não são eruditas em clássicos. Felizmente, quase todos os textos antigos sobre homossexualidade estão disponíveis em idiomas contemporâneos. Não é uma

---

2 Matthew Vines, *God and the Gay Christian: The Biblical Case in Support of Same-Sex Relationships* (New York: Convergent Books, 2014), 104; *ênfase* no original.

O QUE A BÍBLIA ENSINA SOBRE A HOMOSSEXUALIDADE?

leitura divertida, mas qualquer um pode explorar as fontes primárias em *Homosexuality in Greece and Rome: A Sourcebook of Basic Documents* (Homossexualidade na Grécia e em Roma: Um Livro-Fonte de Documentos Básicos). Este livro de 558 páginas é editado por Thomas K. Hubbard, um professor de clássicos que não é cristão. O que você achará neste livro não é surpreendente em face da diversidade e da complexidade do mundo antigo: o comportamento homossexual não era redutível a um padrão único, e o julgamento moral não se enquadrava em categorias definidas. Não havia consenso quanto à homossexualidade na Grécia e Roma antigas, como não há em nossos dias.[3]

À luz de um ponto de vista cristão, há muitos exemplos de homossexualidade "má" no mundo antigo, mas há também muitas evidências para provar que a atividade homossexual não se restringia a pares de homem e rapaz. Alguns amantes homossexuais juravam paixão permanente até seus amados se tornarem adultos; e alguns amantes homossexuais eram companheiros por toda a vida.[4] Por volta do século I, o Império Romano era crescentemente dividido sobre a questão da homossexualidade. À proporção que crescia a tolerância homossexual, crescia também a condenação moral do comportamento homossexual.[5] Todo tipo de relacionamento homossexual era conhecido no século I, desde lesbianismo a

---

3 Thomas K. Hubbard, *Homosexuality in Greece and Rome: A Sourcebook of Basic Documents* (Berkeley: University of California Press, 2003), 7-8.
4 Ibid. 5-6.
5 Ibid. 383.

comportamento orgiástico, a "casamento" adaptável ao gênero, a companheirismo homossexual vitalício. O resumo de Hubbard da Roma imperial antiga é importante:

A coincidência de tanta severidade da parte de escritores moralistas com a exibição flagrante e aberta de toda forma de comportamento homossexual por Nero e outros praticantes revela uma cultura em que a atitude quanto a este assunto definia crescentemente a posição ideológica e moral de uma pessoa. Em outras palavras, a homossexualidade nesta época pode ter deixado de ser meramente outra prática de prazer pessoal e começado a ser vista como uma categoria central e essencial de identidade, exclusiva e antitética à orientação heterossexual.[6]

Se o mundo antigo tinha não somente uma categorização para relacionamentos homossexuais comprometidos, mas também algum entendimento de orientação sexual (usando nossa expressão), não há nenhuma razão para pensarmos que as proibições do Novo Testamento contra comportamento homossexual eram apenas para pederastia e abuso sexual.

Hubbard não é o único erudito que vê todo o âmbito de expressão homossexual no mundo antigo. William Loader, que escreveu oito livros importantes sobre homossexua-

---
6 Ibid. 386.

lidade no judaísmo e no cristianismo primitivo, sendo ele mesmo um forte proponente de casamento homossexual, apresenta exemplos de parcerias de adultos do mesmo sexo no mundo antigo.[7]

Ainda mais convincente, Bernadette Brooten, que escreveu o livro mais importante sobre lesbianismo na antiguidade, sendo ela mesma uma lésbica, criticou muitos dos argumentos revisionistas concernentes a abuso, pederastia e orientação. Ao criticar o argumento de orientação, ela escreveu:

> Paulo pode ter crido que as *tribades* [as parceiras femininas ativas numa união homossexual feminina], os antigos *kinaidoi* [os parceiros masculinos passivos numa união homossexual masculina] e outras pessoas sexualmente não ortodoxas eram nascidas dessa maneira, mas, apesar disso, os condenou como contrários à natureza e torpes... Creio que Paulo usou a palavra "mudaram" para indicar que as pessoas conheciam a ordem sexual natural do universo e a deixaram para trás... Vejo que Paulo está condenando todas as formas de homoerotismo como atos antinaturais de pessoas que se afastaram de Deus.[8]

---

7 William Loader, *The New Testament on Sexuality* (Grand Rapids, MI: Eerdmans, 2012), 84.
8 Bernadette Brooten, *Love between Women: Early Christian Responses to Female Homoeroticism* (Chicago: University of Chicago Press, 1996), 244, conforme citado em Robert J. A. Gagnon, "How Bad Is Homosexual Practice according to Scripture and Does Scripture's Indictment Apply to Committed Homosexual Unions?", January 2007, www.robgagnon.net/HowBadIsHomosexualPractice.htm.

"Não esse tipo de homossexualidade"

Ideias sobre orientação não eram desconhecidas na era greco-romana. Considere, por exemplo, o discurso de Aristófanes no *Banquete*, de Platão (cerca de 385-370 AC), uma série de discursos sobre o Amor (*Eros*) feitos por um homem famoso numa festa de bebedeira em 416 AC. Na festa, encontramos Pausanias, que era amante do anfitrião Agathon – ambos homens adultos. Pausanias aplaude a naturalidade e a longevidade do amor homossexual. No quarto discurso, encontramos o poeta cômico Aristófanes, que propõe uma teoria complicada, incluindo noções de causa genética, sobre por que alguns homens e mulheres são atraídos a pessoas do mesmo sexo. Ainda que o discurso tencione ser uma sátira, só funciona como sátira se colocado em oposição ao ponto de vista positivo da prática homossexual comum na antiguidade.[9]

Sugerir que os únicos tipos de prática homossexual conhecida no mundo antigo eram as que desaprovamos hoje não leva em conta toda a evidência. Veja, por exemplo, a conclusão erudita de N. T. Wright:

> Como um classicista, tenho de dizer que, ao ler o *Banquete*, de Platão, ou ao ler os relatos de prática de homossexualidade do antigo Império Romano, parece-me que eles sabiam de homossexualidade tanto quanto nós sabemos. Em especial, um ponto que é frequentemente igno-

---

[9] Robert J. A. Gagnon, *The Bible and Homosexual Practice: Texts and Hermeneutics* (Nashville, TN: Abingdon, 2001), 350-54.

rado, eles sabiam muito a respeito do que as pessoas de hoje considerariam como relações consideravelmente estáveis e de longa duração entre duas pessoas do mesmo gênero. Isto não é uma invenção moderna, já estava lá em Platão. A ideia de que nos dias de Paulo a prática homossexual era uma questão de abuso de rapazes por parte de homens mais velhos ou algo semelhante... é claro que havia muito disso naquela época, como há hoje, mas não era, de modo algum, a única coisa. Eles sabiam a respeito de todo o âmbito de opções da época.[10]

Há também esta admissão do falecido Louis Crompton, um gay e pioneiro em estudos de homossexuais, em seu enorme livro *Homosexuality and Civilization* (Homossexualidade e Civilização):

> Alguns intérpretes, procurando abrandar a severidade de Paulo, têm entendido a passagem [em Romanos 1] como condenatória não de homossexuais em geral, mas apenas de homens e mulheres que tinham experiências com homossexualidade. De acordo com esta interpretação, as

---

10 John L. Allen Jr., "Interview with Anglican Bishop N. T. Wright of Durham, England", *National Catholic Reporter*, May 21, 2004, http:www.nationalcatholicreporter.org/word/wright.htm. Elipse no original.

palavras de Paulo não eram dirigidas a homossexuais "bona fide" em relacionamentos comprometidos. Mas esse entendimento, embora seja bem intencionado, parece infundado e não histórico. Em nenhum de seus escritos, nem Paulo nem qualquer escritor judeu deste período deu a entender a menor aceitação de relações homossexuais sob quaisquer circunstâncias. A ideia de que homossexuais poderiam ser justificados por devoção mútua teria sido totalmente estranha para Paulo, para qualquer judeu ou para qualquer cristão primitivo.[11]

Sei que amontoar citações de outros autores é um procedimento de pouco valor, mas neste caso é um procedimento que prova um argumento. Eruditos de todas as linhas diferentes têm dito a mesma coisa: o argumento de distância cultural não funciona. Não há nada no texto bíblico sugerindo que Paulo, Moisés ou qualquer outro escritor bíblico tencionava limitar a condenação bíblica do comportamento homossexual. De modo semelhante, não há nenhuma boa razão para pensarmos, com base em centenas de textos relacionados à homossexualidade no período greco-romano, que a rejeição geral da Bíblia quanto ao comportamento homossexual pode ser explicada por afirmarmos uma distância cultural intrans-

---

11 Louis Crompton, *Homosexuality and Civilization* (Cambridge, MA: Belknap Press, 2003), 114.

ponível entre nosso mundo e o mundo antigo. A única maneira de pensarmos que a Bíblia estava falando sobre todo outro tipo de homossexualidade, exceto o tipo que queremos afirmar, é sermos menos do que honestos com os textos ou menos do que honestos com nós mesmos.

"E Quanto a Glutonaria e Divórcio?"

Por que os conservadores fazem tanto escândalo sobre a homossexualidade? Por que não tratamos de nossos pecados compulsivos? Se nos importássemos realmente em obedecer à Bíblia e seguir a santidade, nos importaríamos mais com todas as maneiras pelas quais justificamos transgressões mais comuns como divórcio e glutonaria. Às vezes, esta linha de argumentação tem o objetivo de envergonhar ("Tire a trave de seu próprio olho, hipócrita"). Às vezes, ela tenciona ressaltar supostas incoerências ("Arrume sua própria casa, e, depois, conversaremos"). E, outras vezes, seu propósito é diminuir a seriedade da situação ("Ninguém consegue viver de acordo com o ideal de Deus, então vamos parar com a inquisição"). Independentemente do efeito desejado, a lógica pode ser inegavelmente poderosa.

Mas a força da lógica é muito menor do que a impressão que ela deixa. Precisamos ir além da argumentação baseada em frases populares e perguntar se há realmente alguma essência por trás das frases.

Antes de responder aos argumentos "E quanto a...", preciso afirmar isto tão claramente quanto possível: a igreja não deve ignorar seus outros pecados para fazer o pecado homossexual parecer mais sério. Seja glutonaria, divórcio, ganância, fofoca ou julgamento errôneo, precisamos reconhecer nossas próprias falhas sempre e quando pecamos. Ao mesmo tempo em que escrevo este livro, estou pregando sobre o Sermão do Monte; por isso, semana após semana, tenho de me harmonizar e ajudar a congregação a harmonizar-se com as desafiantes palavras de Jesus a respeito de tudo, desde ira até cobiça, vingança, amargura, materialismo e inquietude. Em muitos casos, a primeira resposta ao argumento "E quanto a..." será "Você está certo". Isso é um problema real. Preciso examinar meu coração sobre este assunto, e a igreja precisa encarar mais seriamente seus "pecados toleráveis".[1]

O Deus deles é o ventre

Com essa introdução necessária (em nosso coração), vejamos mais de perto os argumentos relacionados a glutonaria. Já li artigos que fazem esta pergunta muito seriamente: "Por que estamos perguntando se aqueles que estão engajados

---

[1] Ver Jerry Bridges, *Respectable Sins: Confronting the Sins We Tolerate* (Colorado Springs, CO: NavPress, 2007).

"E quanto a glutonaria e divórcio?"

em atividade homossexual entrarão no céu, quando deveríamos estar perguntando se haverá pessoas gordas no céu?" Deparei-me até com esta afirmação esperta: "Todo crente é um literalista bíblico enquanto não apresentamos o assunto da glutonaria". Tenho visto críticos do casamento tradicional citarem as estatísticas de que a Bíblia contém três vezes mais exortações contra a glutonaria do que contra a homossexualidade. Parece que entendemos as nossas prioridades totalmente fora de ordem.

No entanto, embora esta estatística seja verdadeira, será que pretendemos realmente sugerir que um pecado não é tão importante porque somos negligentes quanto a um pecado diferente? Se os cristãos são erroneamente tolerantes para com a glutonaria da qual não se arrependem, isto é uma questão de extrema importância. O pecado separa o homem de Deus. Quando escolhemos aceitá-lo, celebrá-lo e não nos arrependermos dele, mantemos a nós mesmos afastados de Deus e longe do céu.

A glutonaria é um erro favorito a ser lançado no debate porque é um dos chamados Pecados Mortais e parece que todos o cometemos. A mais antiga formação da lista dos sete pecados mortais vem de Evágrio do Ponto, um monge do deserto e seguidor de Orígenes.[2] Não é surpreendente que um asceta que viveu numa comunidade separada do mundo considerasse a tentação por comida como uma de suas principais aflições. Na repugnância de Deus para com a glutonaria, podemos detectar

---

2 Ver William H. Willimon, *Sinning Like a Christian: A New Look at the 7 Deadly Sins* (Nashville, TN: Abingdon Press, 2013), 3.

mais do que um ascetismo insignificante de um monge e do que certo desdém estoico pelo corpo.

No decorrer da história da igreja, os teólogos têm entendido o pecado de glutonaria de maneiras diferentes. Para alguns, desejo imoderado é o verdadeiro erro. Para outros, comer mais do que precisamos é o problema. De acordo com Agostinho, a comida em si mesma não é o problema, e sim como a buscamos, por que razão e para qual resultado. O catecismo católico não os chama sete "pecados mortais" e sim sete "pecados capitais", porque inclui outros pecados e outros erros.[3]

C. S. Lewis, com discernimento característico, retratou o demônio Morcegão notando como mulheres velhas pretensiosas – o tipo de mulher que sempre rejeita o que é oferecido e sempre insiste numa pequenina xícara de chá – podem ser culpadas de glutonaria por colocarem seus desejos em primeiro lugar, não importando quão incômodas possam ser aos outros. Apreciadores de dieta saudável acautelem-se: o problema de glutonaria, de acordo com Lewis, não era muita comida, e sim atenção demais à comida. Poderíamos dizer, no sentido ético mais amplo, que glutonaria é usar a comida de uma maneira que nos deixa insensíveis às coisas espirituais e nos afasta de Deus. Isso é, certamente, um perigo para a maioria de nós, mas não é o mesmo que desfrutar de uma refeição, sentir-se de estômago cheio ou ser gordo.

E o que a Bíblia diz? Alguns ficarão surpresos em aprender que *glutonaria* não aparece em nenhuma das listas de pecados do Novo Testamento. De fato, em geral a Bíblia é bastante

---

3 *Catechism of the Catholic Church*, 1866.

"E quanto a glutonaria e divórcio?"

positiva quanto a comida. Há muitos banquetes no Antigo Testamento e visões de banquetes celestiais por vir. Jesus começou seu ministério com uma refeição e instituiu uma ceia em lembrança de sua morte. Se o Novo Testamento tem uma preocupação preponderante com comida, isso acontece para que o povo de Deus não seja excessivamente preocupado com ela. A comida não nos recomenda a Deus (1 Co 8.8), e o reino de Deus não consiste de comida e bebida (Rm 14.17). Nenhum leitor honesto pode negar que Jesus e os apóstolos eram muito mais preocupados com o que fazemos sexualmente, por meio de nosso corpo, do que com a comida que comemos (Mc 7.21- 23; 1 Co 6.12-20; cf. 1 Tm 4.1-5).

Na *English Standard Version*, a palavra *glutão* aparece quatro vezes, e, em cada ocorrência, está emparelhada com a palavra *beberrão* (Dt 21.20; Pv 23.21), ou num escárnio contra Jesus (Mt 11.19; Lc 7.34). A palavra *glutões* aparece apenas uma vez e, também, ao lado de uma referência a beberrões (Pv 23.20). Temos a palavra *glutão* outras duas vezes: uma, em uma citação de um poeta que falou sobre os cretenses preguiçosos (Tt 1.2), e a outra vez, na referência à companhia de um filho jovem causa vergonha (Pv 28.7).

As outras passagens associadas com glutonaria são menos evidentes. Por exemplo, o argumento de Provérbios 23.2 ("mete uma faca à tua garganta, se és homem glutão") é a respeito de não ser enredado pela hospitalidade enganosa de anfitriões ricos. E a afirmação de Filipenses 3.19 ("o deus deles é o ventre") ou é um eufemismo referente a pecado sexual (ver a frase seguinte ("a glória deles está na sua infâmia") ou é uma referência às exigências legalistas dos judaizantes, concernentes às restrições dietéticas da lei mosaica.

Então, o que é o pecado de glutonaria? Quando separamos tempo, abrimos nossa Bíblia e lemos passagens relevantes, descobrimos que glutonaria é muito mais do que comer um pacote inteiro de Double Stuf Oreo. Participar de comida é uma preocupação menor do que participar de pecado sexual (1 Co 6.13). A ideia geral obtida das passagens citadas sugere que o glutão é um vadio, um festeiro e um libertino. É o filho pródigo que desperdiça sua vida num viver desordeiro. É a moça que está em recesso da faculdade e pensa que o pináculo da existência humana é comer, beber e fazer sexo. É um vagabundo que vive para o fim de semana. É um ambicioso de cidade grande que não se preocupa com nada, exceto com se satisfazer na alta sociedade. É um malandro que adota sugestões de estilo de vida da franquia *Hangover*.

Portanto, a igreja deve certamente falar contra o pecado de glutonaria. Mas, quando entendemos o que o pecado envolve, parece razoável que a maioria das pessoas tenha uma boa ideia de qual é a posição da igreja sobre estes assuntos.

O que Deus uniu

Se o pecado de glutonaria tem sido entendido de maneira errada, e quanto ao divórcio? Esta é uma acusação mais séria lançada aos pés dos evangélicos conservadores. Ao falar sobre homossexualidade no decorrer dos anos, não posso enumerar todas as vezes

"E quanto a glutonaria e divórcio?"

que ouvi coisas como: "É fácil você implicar com a homossexualidade porque este não é o problema em sua igreja. Mas você não segue literalmente a sua própria lei. Se seguisse, estaria falando também sobre divórcio, visto que esse é o maior problema nas igrejas conservadoras". Temos de admitir que a acusação contra nós tem sido, por muito tempo e em muitos lugares, dolorosa e infelizmente exata. Temos nos acostumado a casamentos descartáveis. Aceitamos a mudança desastrosa que aconteceu nos anos 1960 e 1970, quando nossos legisladores deram aos homens e às mulheres a capacidade unilateral de acabarem com seu casamento sob a ilusão de divórcio "sem erro de uma das partes".[4] Talvez tenhamos tentado fazer uma diferença no sistema legal, mas sem qualquer proveito. Talvez queríamos enfatizar a graça de Deus para com aqueles que se arrependeram de erros cometidos no passado. Talvez vimos tanto divórcio ao nosso redor (ou estávamos cercados de tanto divórcio), que achamos mais fácil considerar as admoestações de Jesus como nada mais do que hipérbole. Talvez seja verdade: o divórcio é um problema sério na igreja de Cristo.

No entanto, há diferenças importantes entre divórcio e homossexualidade. Primeiramente, a proibição bíblica contra o divórcio permite exceções (Mt 5.32; 19.9; 1 Co 7.10-16); a proibição contra a homossexualidade não. A posição protestante tradicional, conforme afirmada na *Confissão de Fé de Westminster*, sustenta que o divórcio é permissível com base

---

4 Ver Jennifer Roback Morse, "Why Unilateral Divorce Has No Place in a Free Society", em *The Meaning of Marriage: Family, State, Market, and Morals*, eds. Robert P. George e Jean Bethke Elshtain (Dallas, TX: Spence Publishing, 2006), 74-79.

em infidelidade conjugal e abandono por parte de um cônjuge incrédulo.[5] Admitimos que a aplicação destes princípios é difícil, e a questão do novo casamento depois do divórcio é ainda mais complicada, porém a maioria dos cristãos sustenta que o divórcio é, às vezes, aceitável. Em palavras simples, a homossexualidade e o divórcio não são idênticos porque, de acordo com a Bíblia, a homossexualidade é sempre errada, enquanto o divórcio não é. Todo divórcio é resultado de pecado, mas nem todo divórcio é pecaminoso.

Além disso, muitos cristãos encaram o divórcio com seriedade. Muitas das igrejas que falam contra a homossexualidade também falam contra divórcio ilegítimo. Já preguei muitas vezes sobre o divórcio e há pouco tempo distribui para a minha congregação um artigo intitulado "O que Jesus pensava sobre divórcio e novo casamento?"[6]

Como um corpo de presbíteros, *não* ignoramos conscientemente este assunto. Pedimos aos novos membros divorciados que expliquem a natureza de seu divórcio e (se aplicável) de seu novo casamento. Isto tem resultado em prováveis novos membros deixarem a igreja. Muitos dos casos de disciplina que temos abordado como presbíteros são a respeito de divórcio. A maioria das crises de cuidado pastoral em que nos temos envolvido são casamentos que fracassaram ou estão fracassando. Nossa igreja, como muitas outras, leva a sério todos os tipos de pecados, in-

---
5 *CFW* 24.5-6.
6 O artigo está disponível em meu blog na TGC, "A Sermon on Divorce and Remarriage", November 3, 2010, http://www.thegospelcoalition.org/blogs/kevindeyoung/2010/11/03/a--sermon-divorce-and-remarriage/.

"E quanto a glutonaria e divórcio?"

cluindo divórcio ilegítimo. Nem sempre sabemos como lidar em cada situação, mas posso dizer, com uma consciência totalmente limpa, que nunca ignoramos o divórcio.

Outra vez, é verdade que muitos evangélicos têm sido negligentes em lidar com divórcio ilegítimo e novo casamento. Pastores não têm pregado sobre o assunto por medo de ofender grande número dos membros. Conselhos de presbíteros não têm praticado disciplina eclesiástica em relação àqueles que pecam nesta área porque, bem..., não praticam disciplina em relação a quase nada. Conselheiros, amigos e pequenos grupos não têm se envolvido suficientemente para fazer a diferença em situações pré-divórcio. Advogados cristãos não têm pensado muito em sua responsabilidade de incentivar a reconciliação conjugal. Líderes de igreja não têm ajudado seu povo a entender o ensino de Deus sobre a santidade do casamento, e não temos ajudado àqueles que se casaram de novo erroneamente a experimentarem o perdão de Deus quanto a seus erros passados.

Então, sim, há cristãos com trave nos olhos entre nós. A igreja evangélica, em muitos lugares, cedeu e se conformou com o divórcio e o novo casamento. Mas o remédio para esta negligência não é mais negligência. A cura lenta e dolorosa é mais exposição bíblica, mais cuidado pastoral ativo, mais disciplina consistente, mais aconselhamento saturado da Palavra e mais oração – quanto a divórcio ilegítimo, comportamento homossexual e todos os outros pecados que são mais facilmente tolerados do que confrontados.

9

"A Igreja Deve Ser Um Lugar para Pessoas Caídas"

Anos atrás, uma notícia importante apresentou um proeminente líder cristão que encerrou seu ministério direcionado a pessoas que tinham atração homossexual. A notícia se tornou manchete nacional porque o homem, que antes se identificava como "ex-gay", estava questionando se pessoas inclinadas a relações sexuais homossexuais poderiam realmente mudar e se a terapia de conversão que ele usava em seu ministério causava mais danos do que benefícios.[1] Com esta mudança de estratégia de ministério, veio uma nova ênfase na teologia. Embora este líder continuasse insistindo em que

---

[1] Em minha estimativa, reconsiderar o seu método era necessário, embora ele tenha ido longe demais na outra direção, ao admitir a quase imutabilidade de uma orientação sexual. Coloquei o termo "ex-gay" entre aspas porque não tenho certeza de que o homem em questão ainda usaria esse termo ou de que seja proveitoso. Alguns se opõem ao termo porque não acham que a mudança duradoura seja possível. Outros se recusam a usá-lo porque preferem achar sua identidade em Cristo e não em orientação sexual (mesmo uma pessoa transformada).

o comportamento homossexual era errado, ele se sentia confiante de que aqueles que estavam em relações homossexuais ainda poderiam conhecer a graça de Deus – quer se convertessem de sua prática homossexual, quer não. Ele sustentava que, se cremos em Cristo, as escolhas sexuais que fazemos não interrompem nosso relacionamento com Cristo. Se fazemos a escolha de andar nos caminhos de Deus ou seguir algo menos do que o melhor de Deus para nós, ainda somos salvos por Cristo e passaremos a eternidade com Cristo. Ninguém é perfeito. Todos carecemos da glória de Deus. Somos todos desesperadamente necessitados da graça de Deus. A graça de Deus é incondicional, e a igreja deve ser um lugar para pessoas caídas, certo?

Arrependei-vos, porque está próximo o reino dos céus. Sim e amém. Todos precisamos ser perdoados. Todos precisamos de graça. A igreja deve ser cheia de pecadores. Mas – e aqui está o ponto – o corpo de membros comungantes da igreja, como a igreja no céu, é constituído de pecadores nascidos de novo, que se arrependeram. Se pregamos um "evangelho" que não contém uma chamada ao arrependimento, se admitimos conscientemente pecadores desinteressados e impenitentes à membresia e ao ministério da igreja, estamos enganando a sua alma e colocando a nossa em risco. Se pensamos que pessoas podem achar o Salvador sem abandonar seu pecado, não sabemos realmente que tipo de Salvador Jesus Cristo é. "Tais fostes alguns de vós" é a chamada à santidade, cheia de

"A igreja deve ser um lugar para pessoas caídas"

esperança, para o pecador sexual e para todos os outros tipos de pecadores (1 Co 6.11). Poucas coisas são mais importantes na vida do que o arrependimento. É tão importante que os evangelhos, as epístolas e o Antigo Testamento deixam claro que ninguém vai ao céu sem o arrependimento. Ezequiel disse: "Convertei-vos e desviai--vos de todas as vossas transgressões" (Ez 18.30). João Batista disse: "Arrependei-vos, porque está próximo o reino dos céus" (Mt 3.2). Jesus disse: "Arrependei-vos e crede no evangelho" (Mc 1.15). Pedro disse: "Arrependei-vos, e cada um de vós seja batizado" (At 2.38). E Paulo disse que Deus "notifica aos homens que todos, em toda parte, se arrependam" (At 17.30). Sem dúvida, a igreja é para pessoas caídas e imperfeitas – pessoas caídas que odeiam o que é mau nelas mesmas e pessoas imperfeitas que renunciaram suas imperfeições pecaminosas.

Se a chamada ao arrependimento está sendo feito exclusivamente a pessoas que têm atração homossexual, a solução não é remover o abandono do pecado da equação evangélica, mas labutar em favor de uma igreja em que arrependimento permanente seja a experiência normal do discipulado cristão.

Ninguém gosta de ouvir: "Já está posto o machado à raiz das árvores; toda árvore, pois, que não produz bom fruto é cortada e lançada ao fogo" (Lc 3.9). Isto nunca foi algo fácil de aceitar. É muito mais fácil ajuntar uma multidão por excluir o arrependimento da conversão, mas essa atitude não é fiel a Cristo. Não é nem mesmo cristianismo. Devemos mostrar o fruto que se harmoniza com o arrependimento (v. 8). É claro que no seguir a Jesus há muito mais do que arrependimento, mas não menos. "Se não vos arrependerdes", disse Jesus, "todos igualmente perecereis" (Lc 13.5). Remorso é bastante comum; arrependimento é raro. O verdadeiro arrependimento operado pelo Espírito envolve um rompimento com o velho e o começo de algo novo. Isso é o que a palavra grega *metanoia* significa – uma mudança de pensamento que resulta numa mudança de vida.

- Você muda seu pensamento a respeito de *si mesmo*: "No profundo de minha alma, não sou uma pessoa essencialmente boa. Não sou o centro do universo. Não sou o rei do mundo, nem de minha vida".
- Você muda seu pensamento a respeito do *pecado*: "Sou responsável por minhas ações. Minhas mágoas passadas não justificam meus fracassos presentes. Minhas ofensas contra Deus e contra os outros não são triviais. Não vivo, não penso, não sinto como deveria".
- Você muda seu pensamento a respeito de *Deus*: "Ele é digno de confiança. Sua Palavra é a verdade. Ele é capaz de perdoar pecados e salvar. Creio em seu Filho, Jesus Cristo. Devo a ele a minha vida e a minha lealdade. Ele é meu Rei e meu Salvador e quer o melhor para mim. Eu o seguirei a qualquer custo".
- E, depois, *você* muda à medida em que Deus opera em seu coração para desenvolver sua salvação com temor e tremor (Fp 2.12-13).

A graça gratuita não é barata

Se temos de ser fiéis à Escritura, não devemos oferecer segurança de salvação àqueles que estão envolvidos habitual, espontânea e impenitentemente em atividades pecaminosas. O ensino da Bíblia sobre esta questão é tão clara quanto impopular: pecado sexual persistente e impenitente leva pessoas para o inferno (Mt 5.27-32; Rm 1.18-2.11; 1 Co 6.9-10; Gl 5.19-21; 1 Ts 4.3-8; cf. 1 Jo 3.4-10). Quando um homem de Corinto foi encontrado dormindo com a mulher de seu pai, a reação de Paulo não foi "todos cometemos erros" ou "graças a Deus por seu amor incondicional". Paulo disse aos cristãos de Corinto que lamentassem o pecado (1 Co 5.2), entregassem o homem a Satanás para destruição de sua carne (v. 5), não se associassem mais com o homem imoral (vv. 9-11) e expulsassem a pessoa má de entre eles (v. 13). É claro que o alvo de Paulo era que, por meio da disciplina da igreja, o espírito do homem fosse salvo no dia do Senhor (v. 5), mas este gracioso e tão esperado fim não é possível sem arrependimento (6.9-11).

Dietrich Bonhoeffer, o teólogo e mártir alemão, expôs a inutilidade da fé sem arrependimento em sua famosa denúncia da graça barata.

[Graça barata é] a graça que equivale à justificação do pecado sem a justificação do pecador arrependido, que se aparta do pecado e de quem o pecado se aparta. A graça barata não é o tipo de perdão do pecado que nos livra das labutas do pecado. A graça barata é a graça que damos a nós mesmos. A graça barata é a pregação do perdão sem exigir arrependimento, do batismo sem disciplina da igreja, da comunhão sem confissão, da absolvição sem confissão pessoal. A graça barata é graça sem discipulado, graça sem cruz, graça sem Jesus Cristo, vivo e encarnado.[2]

É estranho que alguns cristãos tratem a atividade homossexual como uma escolha imperfeita mas admissível ou simplesmente menos do que o melhor de Deus, quando jamais falaríamos frivolamente sobre o pecado de preconceito étnico, exploração econômica ou violência contra mulheres. A verdadeira religião é visitar os órfãos e as viúvas em suas aflições e guardar-se a si mesmo incontaminado do mundo (Tg 1.27). Isto é outra maneira de dizer que "a fé sem obras é morta" (2.26). Não podemos viver como o Diabo na terra e esperar que encontraremos com Deus no céu. Isto não é porque Deus exige certa medida de santidade na terra para que sejamos salvos. Somos justificados somente pela fé, somente pela graça, somente em Cristo. E esta graça que nos dá fé será invariavelmente uma graça que nos faz mudar. Ignorar a segunda metade da afirmação anterior é provar que a primeira nunca aconteceu.

Então, isto significa que o amor de Deus é incondicional? Isso depende: estamos falando sobre graça comum (que todas as pessoas desfrutam) ou sobre graça salvadora (que apenas

---

2 Dietrich Bonhoeffer, *The Cost of Discipleship* (New York: Macmillan, 1969 [1949]), 47.

os redimidos experimentam)? Uma pergunta melhor seria: a nossa glorificação final é condicional? Se *condicional* significa que temos de merecer nossa entrada no céu ou que aqueles que são declarados justos diante de Deus estão em perigo de serem declarados injustos no dia do juízo, a resposta é não. Mas, se *condicional* no sentido de que não seremos glorificados sem que seja levado em conta o tipo de vida que vivemos, a resposta é sim. As advertências do Novo Testamento não são indicativas de uma salvação que pode ser perdida, mas de uma fé que tem de perseverar. Não importa quantas vezes respondamos a um apelo de salvação ou façamos a oração do pecador – não importa quantas vezes nos sintamos como se tivéssemos sido salvos ou quanto tempo achamos que somos salvos – a promessa de sermos apresentados diante de Deus santos e imaculados é dependente de continuarmos na fé que é estável e firme (Cl 1.22-23). Devemos confirmar nossa vocação e eleição (2 Pe 1.10). Assim como Deus nos guarda de tropeços, assim também devemos guardar--nos no amor de Deus, e na misericórdia de nosso Senhor Jesus Cristo que conduz à vida eterna (Jd 21, 24). Tudo isso discorda dos que pensam que o pecado sexual impenitente é coerente com o discipulado cristão e concorda com o autor de Hebreus, que ensinou que sem santidade ninguém verá o Senhor (12.14).

Ou, em outras palavras, podemos simplesmente concordar com Jesus, quando disse: "Aquele, porém, que perseverar até o fim, esse será salvo" (Mt 24.13).

10

"Vocês Estão no Lado Errado da História"

Quando cristãos afirmam que o comportamento homossexual é pecaminoso ou que o casamento só pode ser entre um homem e uma mulher, podem contar com um coro de vozes declarando confiantemente que estas opiniões antigas estão no "lado errado da história". A expressão tem o propósito de provocar. Evoca imagens de segregacionistas apegados a suas noções repugnantes de supremacia racial. Pretende que pensemos na igreja perseguindo Galileu, ou nos adeptos da ideia de que a terra era plana advertindo Colombo quanto a navegar pela borda do mundo. A expressão tenta ganhar uma argumentação sem ter um argumento. Ela diz: "Suas ideias são tão antiquadas que nem merecem ser levadas a sério. Por fim, todos aqueles que as sustentam ficarão envergonhados".

Sem dúvida, a contestação "lado errado da história" pode parecer um fardo pesado para suportarmos. Mas é realmente verdadeira? Podemos nós, que vivemos no presente, ter certeza de como nossas ideias serão vistas no futuro? E se o desenrolar da história não for tão organizado quanto esperamos e a escolha de vencedores e perdedores não for tão meticulosa quanto imaginamos?

Pense nos argumentos ocultos na expressão "lado errado da história".

A expressão pressupõe um ponto de vista progressivo da história que é empiricamente falso e, como metodologia, tem sido totalmente desacreditado. Historiadores eruditos advertem contra o que o historiador e filósofo britânico Herbert Butterfield rotulou de "história Whig", um nome que tem sua origem nos debates políticos britânicos do século XVII.[1] Na "história Whig", o passado é visto como uma marcha inexorável das trevas para a luz, da escravidão para a liberdade, da ignorância para a iluminação. Como algumas opiniões marxistas, a "história Whig" presume a racionalidade do homem e a inevitabilidade do progresso. Pressupõe que a história está sempre se movendo na mesma direção. Mas é claro que a história nunca é tão simples assim, e conhecer o futuro nunca é tão fácil, razão por que a "história Whig" é quase universalmente reprovada por historiadores sérios. Esta abordagem da história, com sua pressuposição de iluminação e progresso perpétuos, não é a melhor ma-

---

1 Herbert Butterfield, *The Whig Interpretation of History* (London: George Bell, 1931).

neira para entender o passado e não é, por si mesma, uma maneira adequada para dar sentido ao presente.

A expressão "lado errado da história" também esquece que ideias progressivas podem se comprovar tão desastrosas quanto as ideias tradicionais. Citando apenas mais um exemplo, foram os progressistas que no início do século XX, ao tentarem aplicar as teorias biológicas de Darwin, defenderam o determinismo racial e o aprimoramento genético (ou seja, medidas que visavam promover a criação de características desejáveis). Muitos da elite intelectual da época aceitaram teorias "científicas" sobre diferenças mentais inatas entre as raças, enquanto líderes na esquerda argumentaram em favor da eliminação do "estoque inferior" da humanidade por meio de imigração restrita, institucionalização e esterilização das massas.[2] Se há um "lado errado da história", há muitos exemplos na história que nos dizem que qualquer pessoa de qualquer tradição intelectual poderia estar nele.

Além disso, o argumento de "lado errado da história" perpetua meias verdades e informação errada sobre a história cristã. Por exemplo, a igreja não se opôs à viagem de Colombo porque achava que a terra era plana.[3] Isso é um mito que foi erroneamente acreditado desde a obra *História do Conflito entre Religião e Ciência* (1874), de John William Draper, e os dois volumes do influente estudo *Uma*

---

2 Ver Thomas Sowell, *Intellectuals and Race* (New York: Basic Books, 2013), 21-43.
3 Os parágrafos sobre Colombo e a escravidão são adaptados de *Why We Love the Church: In Praise of Institutions and Organized Religion* (Chicago: Moody, 2009), 128-31, de Kevin DeYoung e Ted Kluck.

O QUE A BÍBLIA ENSINA SOBRE A HOMOSSEXUALIDADE?

História do Conflito de Ciência com Teologia no Cristianismo (1896), de Andrew Dickson White. Os "homens sábios da Espanha" que desafiaram Colombo não o fizeram porque acreditavam que a terra era plana, e sim porque achavam que Colombo havia subestimado a circunferência da terra, o que ele realmente fizera.[4] Nos dias de Colombo, toda pessoa educada sabia que a terra era redonda. Jeffrey Burton Russel argumenta que durante os primeiros quinze séculos da era cristã "a opinião erudita quase unânime afirmava que a terra era esférica, e, no século XV, toda a dúvida havia desaparecido".[5] O Venerável Beda (673-735) ensinou que o mundo era redondo, como o fez o bispo Virgílio (c. 700-784), Hildegard de Bingen (1098-1179) e Tomás de Aquino (1225-1274); todos estes quatro são santos canonizados da Igreja Católica Romana.

A história sobre Galileu (1564-1642) é igualmente mal entendida. Cristãos que defendem a atividade homossexual referem-se frequentemente à obra do físico e astrônomo italiano como justificativa para repensarem o entendimento tradicional do casamento. "Vejam", diz-se, "por 1.600 anos todo cristão achava que a Bíblia ensinava um universo geocêntrico. Essa foi a razão por que a igreja perseguiu Galileu. Mas, quando os cristãos adotaram os discernimentos da ciência e entenderam que a terra girava realmente ao redor do sol, acha-

---

4 Rodney Stark, *For the Glory of God: How Monotheism Led to Reformations, Science, Witch-Hunts, and the End of Slavery* (Princeton: Princeton University Press, 2003), 121.
5 Ibid. 122.

ram uma nova maneira de interpretar as passagens da Bíblia que falam sobre o subir e o descer do sol". Esta linha de raciocínio torna válido um ponto: devemos sempre estar dispostos a considerar se temos entendido a Bíblia de maneira errada. O problema é que a história acerca de Galileu não prova tanto quanto os revisionistas querem provar.

Primeiramente, a opinião de que o sol girava em torno da terra não era produto de reflexão teológica e moral. Ptolomeu formulou sua teoria de um sistema solar geocêntrico no século II AC baseado nas ideias de Aristóteles sobre a perfeição dos céus e a mutabilidade da terra. Copérnico (mais do que Galileu) é geralmente aquele que é reputado ter derrotado Ptolomeu, mas a visão heliocêntrica do sistema solar (que não é o mesmo que dizer que a terra se move) já havia sido desenvolvida nas universidades escolásticas medievais. Quando Copérnico, que era um cânon na igreja, publicou *Da Revolução das Esferas Celestes* (1543), ele dedicou o livro ao papa. A obra de Copérnico circulou livremente por 70 anos, recebendo críticas vindas principalmente dos acadêmicos aristotelianos que pensavam que as teorias de Copérnico estavam além do âmbito da ciência real.

Galileu, por sua vez, foi inicialmente enaltecido pelos cardeais e bem aceito pelos papas, estabelecendo um bom relacionamento com o papa Urbano VII, que escreveu uma ode em honra do estimado cientista. O relacionamento azedou quando, em *Dois Principais Sistemas do Mundo* (1632), Galileu colocou um dos argumentos de Urbano nos lábios do simplório da história. Isto causou uma reação intensa e colocou Galileu na desgraça do papa. Em última análise, Galileu ficou convencido de que a principal fonte de seus problemas era ter feito "graça de sua Santidade" e não a questão de movimento da terra.[6] A "revolução copernicana" ajudou os cristãos a darem melhor sentido à Bíblia? Talvez, mas sugerir que Galileu forçou uma igreja reacionária a corrigir o que havia entendido obstinadamente errado durante toda a sua história não é uma interpretação imparcial das circunstâncias históricas.

E quanto à escravidão? Embora seja verdade que cristãos no Sul dos Estados Unidos defenderam a posse de escravos, esta não era a posição de toda a igreja americana e certamente não é a posição da igreja universal no decorrer da história. Diferentemente de sua atitude quanto ao assunto de escravidão, a igreja sempre esteve convencida (até muito recentemente) de que o comportamento homossexual é pecaminoso. Não há passagens bíblicas que sugerem o contrário. Há, porém, na Escritura, passagens que incentivam a libertação de escravos (Fm 15-16) e condenam capturar outro ser humano e vendê-lo à escravidão (Êx 21.16; 1 Tm 1.8-10). Fazer com que a Palavra de Deus seja claramente a favor da escravidão da mesma maneira como ela é claramente contra a prática homossexual é biblicamente insustentável.

Além disso, não é verdade que até o século XIX os cristãos nunca falaram contra a escravatura.

---

6 Ver Philip J. Sampson, *6 Moderns Myths about Christianity and Western Civilization* (Downers Grove, IL: Inter Varsity Press, 2001), 27-46.

"Vocês estão no lado errado da História"

- No século VII, Saith Bathilde (esposa do rei Clóvis III) fez campanha para acabar com o comércio de escravos e libertar todos os escravos.

- No século IX, Santo Anskar trabalhou para deter o comércio de escravos viking.

- No século XIII, Tomás de Aquino argumentou que a escravidão era pecado, uma posição mantida por vários papas depois dele.

- No século XV, depois de a Espanha haver colonizado as Ilhas Canárias e começado a escravizar a população nativa, o papa Eugênio IV emitiu uma bula, dando quinze dias a partir de sua bula, "para restaurarem à sua liberdade anterior toda e cada pessoa de ambos os sexos que antes eram habitantes das Ilhas Canárias. Estas pessoas devem ser total e perpetuamente livres e devem ser libertadas sem qualquer extorsão ou recebimento de dinheiro". A bula papal não ajudou muito, mas isso se deve à fraqueza do poder da igreja na época, não à indiferença para com a escravidão. O papa Paulo III fez um pronunciamento com o mesmo sentido, em 1537.

- A escravidão foi condenada em bulas papais em 1462, 1537, 1639, 1741, 1815 e 1839.

- Nos Estados Unidos, o primeiro folheto abolicionista foi publicado em 1700, por Samuel Sewall, um puritano piedoso.[7]

---

7 Estes pontos se apoiam em Stark, *For the Glory of God*, 329-39. A citação do papa Eugênio IV se acha na página 330.

O QUE A BÍBLIA ENSINA SOBRE A HOMOSSEXUALIDADE?

Evidentemente, a oposição da igreja à escravidão não é um fenômeno recente. Não achamos nada semelhante a este longo registro histórico, quando consideramos o apoio da igreja à prática homossexual.

Não estou tentando reescrever a história e transformar o registro da igreja numa extensa e ininterrupta linha de heroísmo. É claro que não. Os cristãos como indivíduos já erraram quanto a muitas coisas. E coletivamente, em nossas igrejas locais, provavelmente temos errado com frequência. Mas sugerir – como aqueles que argumentam em favor da aceitação do comportamento homossexual sugerem – que toda a igreja sempre, em todos os tempos, e em todos os lugares esteve errada é uma afirmação audaciosa, uma afirmação que protestantes, católicos e ortodoxos nunca toleraram. Como cristãos, devemos temer estar no lado errado da igreja santa, universal e apostólica, mais do que temermos estar no lado errado de suposições desacreditadas sobre progresso e iluminismo.

"Não É Justo"

Imagino que muitas pessoas têm dificuldades com os argumentos deste livro, não por causa de uma palavra grega aqui ou de um versículo ali, mas por uma razão mais intrínseca: não parece justo. Você pode estar pensando num irmão, mãe ou tia amada que tem estado num relacionamento homossexual durante anos e parece bastante feliz e saudável. Pode estar pensando em seu bom amigo de faculdade que tem se sentido atraído por pessoas do mesmo sexo por tanto tempo quanto ele consegue lembrar. Pode estar pensando num filho ou numa filha que saiu do armário depois de muitas lágrimas e muitos anos de luta. Pode estar pensando em si mesmo e suas tentativas fracassadas de fazer seus desejos mudarem. Não importando a situação, você não pode deixar de pensar: "Por que Deus faria isto? Por que ele daria a alguém estes desejos e não permitiria que fossem expressos? Como pode ser a vontade de Deus que minha mãe, meu filho, meu sobrinho, meu amigo fiquem descasados e insatisfeitos pelo resto de sua vidas?" Estas perguntas não são erradas. Para muitas pessoas, elas são pessoalmente comoventes e bastante dolorosas. Não quero rejeitá-las como insignificantes. Se alguém de minha igreja chegasse até mim com estas perguntas, eu começaria por fazer mais perguntas e depois me acomodaria para ouvir muito. Procuraria transmitir, embora imperfeitamente, um senso de compaixão e simpatia.

Nossa igreja, nos mais de dez anos em que estou nela, sempre teve homens e mulheres em luta com atração homossexual. Conheço pessoalmente a maioria deles. Alguns deles são amigos. Sendo honesto, alguns dos que faziam parte de nossa igreja talvez nem mais acreditem no que fizeram quando estavam conosco. São ex-membros de igreja, e alguns, membros de família, que não gostarão muito deste livro. Muitos outros – incluindo aqueles que continuam a viver no celibato em meio a desejos homossexuais – serão gratos por este livro. Não espero que alguém me ouça apenas porque tenho amigos, membros de família e pessoas na igreja que se identificam como gays ou lésbicas. Mas espero que os céticos reconheçam pelo menos que este não é um assunto do qual tenho me mantido afastado convenientemente. No mundo de hoje, pastores não podem ignorar estas questões de justiça e ainda serem fiéis e eficientes em cuidar de seus rebanhos.

Permita-me abordar a objeção de justiça por considerar três formas comuns.

"Não é justo"

Não é justo – eu nasci deste jeito

De acordo com a Associação Psiquiátrica Americana, "as causas de orientação sexual (homossexual ou heterossexual) não são conhecidas neste tempo e talvez sejam multifatoriais, incluindo raízes biológicas e comportamentais que podem variar entre indivíduos diferentes e pode até variar no decorrer do tempo". De modo semelhante, a Associação Psicológica Americana concluiu: "Embora muita pesquisa tenha examinado as possíveis influências genéticas, hormonais, de desenvolvimento e culturais na orientação sexual, nenhuma descoberta emergiu que permita aos cientistas concluírem que a orientação sexual é determinada por qualquer fator ou fatores específicos".[1] Não estou sugerindo que aqueles que têm atração homossexual acordam um dia e decidem sentir-se da maneira como se sentem. Na maioria dos casos, parece que desejos homossexuais não são escolhidos conscientemente. Não se sabe totalmente por que tais desejos surgem num pequeno subconjunto da população, e não há concordância sobre isso. A afirmação de que a homossexualidade pode estar ligada a hereditariedade ou a traços biológicos não pode ser apoiada pela evidência científica.

Ainda que causas biológicas para a homossexualidade pudessem ser isoladas – e embora os desejos surjam quase sempre espontaneamente – estes fatores não removem a cul-

---

1 "Position Statement on Homosexuality", *American Psychiatric Association*, 2013, www.psychiatry.org/File%20 Library/Learn/Archives/ps2013_Homosexuality.pdf; http://www.apa.org/topics/lgbt/orientation.pdf; "Answers to Your Questions: For a Better Understanding of Sexual Orientation and Homosexuality", *American Psychological Association*, 2008, http://www.apa.org/topics/lgbt/orientation.pdf. Agradeço a Denny Burk por me indicar estas declarações.

O QUE A BÍBLIA ENSINA SOBRE A HOMOSSEXUALIDADE?

pabilidade da equação. Todos somos produtos de natureza e cultivo. Todos lutamos com desejos que não devem ser satisfeitos e com anseios por coisas ilícitas. Como cristãos, sabemos que o coração é desesperadamente corrupto (Jr 17.9). Somos pessoas caídas e temos uma propensão para o pecado e autoengano. Não podemos deduzir o "tem de ser" a partir do que é. Nosso próprio senso de desejo e deleite, ou de prazer e de sofrimento, não valida a si mesmo. Pessoas podem, por meio de nenhuma decisão consciente delas mesmas, ser atraídas à bebedeira, à promiscuidade, à ira, à autocompaixão ou a quaisquer tipos de comportamentos pecaminosos. Se o "ser" da experiência e do desejo pessoal determina o "ter de" abraçar estes desejos e agir de acordo com eles, não há nenhuma razão lógica pela qual outras "orientações" sexuais (digamos, para com crianças, ou animais, ou promiscuidade, ou bissexualidade, ou parceiros múltiplos) devam ser estigmatizadas.[2] Como criaturas feitas à imagem de Deus, somos seres morais, responsáveis por nossas ações e pelas cobiças de nossa carne. Em palavras simples, às vezes queremos as coisas erradas. Não importa o que pensamos a respeito da maneira em que poderíamos ter nascido, Cristo insiste em que temos de nascer de uma maneira diferente (Jo 3.3-7; Ef 2.1-10).

---

2 "No Canadá, há uma convicção crescente de que a pedofilia deveria talvez ser classificada como um orientação sexual distinta, como heterossexualidade ou homossexualidade. Dois pesquisadores eminentes testemunharam nesse sentido para uma comissão parlamentar canadense no ano passado, e a Harvard Mental Health Letter de 2010 afirmou ousadamente que pedofilia 'é uma orientação sexual' e, portanto, 'improvável de mudar'" (John Henley, "Paedophilia: Bringing Dark Desires to Light", *The Guardian*, January 3, 2013, http://theguardian.com/ society/2013/jan/03/paedophilia-bringing-dark-desires-light).

"Não é justo"

Orientação sexual não é uma parte imutável de nossa biologia, como um traço físico inato ou a presença de um cromossomo Y. Se fosse, a taxa de concordância não seria tão baixa entre gêmeos idênticos (ou seja, ambos os gêmeos teriam sempre a mesma orientação sexual, o que não acontece).[3] Sem dúvida, muitas pessoas que têm desejos homossexuais, apesar dos esforços em direção ao contrário, experimentarão estes desejos através de toda a sua vida. Mas outros têm experimentado tudo desde transformação parcial até transformação radical de sexo. Penso em Rosaria Butterfield, a professora lésbica pós-moderna que se tornou uma cristã reformada e mãe que exerce educação domiciliar.[4] Ou em meu amigo Ron Citlau, um marido, pai e pastor cuja vida anterior foi marcada por uso intenso de drogas e comportamento homossexual promíscuo.[5] Ou na poetisa rapper cristã Jackie Hill-Perry, que tinha atrações homossexuais já aos cinco anos de idade e agora é uma esposa e mãe.[6] Não estou sugerindo que esses tipos drásticos de transformação sexual são fáceis ou mesmo normais, mas realmente acontecem (e podem acontecer).

---

3 Khytam Dawood, J. Michael Bailey e Nicholas G. Martin, "Genetic and Environmental Influences on Sexual Orientation", em *Handbook of Behavior Genetics*, Young-Kyu Kim, ed. (New York: Springer, 2009), 271-72.

4 Rosaria Butterfield, *The Secret Thoughts of a Unlikely Convert: An English Professor's Journey into the Christian Faith*, 2nd ed. (Pittsburgh, PA: Crown and Covenant, 2014).

5 Adam T. Barr e Ron Citlau, *Compassion without Compromise: How the Gospel Frees Us to Love Our Gay Friends without Losing the Truth* (Minneapolis, MN: Bethany, 2014), 1416. Ver também os materiais disponíveis em www.loveintolight.com e o livro do mesmo título *Love into Light*, de Peter Hubbard (Greenville, SC: Ambassador International, 2013).

6 Jack Hill-Perry, "Love Letter to a Lesbian", Desiring God, May 16, 2013, www.desiringgod. org/blog/posts/love-letter-to-a-lesbian.

Não é justo – eu não tenho o dom de celibato
E o que podemos dizer sobre todos aqueles que têm atração homossexual e parecem nunca sentir aquele "fogo" por pessoas do sexo oposto? O quê? Algumas pessoas podem escolher casar-se com alguém do sexo oposto mesmo sem um forte senso de atração sexual. Outros agirão como Sam Allberry, um pastor anglicano solteiro com atração homossexual, que conclui que para ele a única alternativa cristã era abraçar uma vida de celibato cheia de esperança. Sam está certo: casamento heterossexual é o único contexto apropriado para intimidade sexual, apesar de quão intensa, persistente e fortemente possamos lutar com desejos sexuais não satisfeitos.[7]

Mas o celibato não é um dom de Deus que ele dá somente a alguns cristãos? Esse é um dos argumentos mais populares do partido revisionista. Paulo disse que ele tinha um dom singular, mas outros não, e aqueles que não o tinham deveriam se casar em vez de viverem abrasados de paixão (1 Co 7.7-9). Então, como podemos pedir aos que não têm o dom de celibato que tenham uma vida para a qual Deus não os chamou? Pelo menos os heterossexuais solteiros têm a esperança de casar. Os tradicionalistas estão dizendo aos que estão na comunidade gay que suas esperanças de amor e casamento nunca se realizarão. Nós os estamos castrando funcionalmente. O celibato, de acordo com os revisionistas, tem de ser uma escolha. E a igreja tem insistido em que aque-

---

[7] Sam Allberry, *Is God Anti-Gay? And Other Questions about Homosexuality, the Bible, and Same-Sex Attraction* (Purcellville, VA: The Good Book Company, 2013), 48-49.

les que experimentam atração homossexual não devem ter intimidade sexual com pessoas do mesmo sexo. É um fardo maior do que eles podem levar (1 Co 10.13).

Embora não devamos minimizar a luta daqueles que têm desejos homossexuais para permanecerem castos, a lógica revisionista falha em várias considerações.

(1) Pressupõe que desejos homossexuais não podem mudar, de modo que, consequentemente, o casamento é uma impossibilidade total. Já vimos que isto nem sempre é verdade. Jean Lloyd, que começou a experimentar atração homossexual aos doze anos de idade e agora está em seus quarenta anos, saiu de "ser fechada no armário para abertamente lésbica, para celibato e para heterossexualmente casada". Ela escreveu: "No decorrer de muitos anos, minha experiência de atração homossexual mudou de ser um fogo contínuo para uma paixão ocasional. Um homem que ainda experimenta atração homossexual, mas é casado com uma mulher e feliz, quando antes não via nenhuma possibilidade de relacionamento heterossexual, mudou realmente".[8]

(2) O argumento revisionista também superestima a liberdade sexual achada no casamento. Sendo exato, a intimidade no casamento é um dom precioso e provê uma verdadeira realização do desejo sexual. Mas até nos lares mais felizes, o casamento em si mesmo não é um instrumento de satisfação para todo desejo sexual. Mesmo sendo casado, ainda luto com

---

[8] Jean Lloyd, "Seven Things I Wish My Pastor Knew about My Homosexuality", Public Discourse, December 10, 2014, http://www.thepublicdiscourse.com/2014/12/14149/.

alguma medida de desejo sexual que não deve ser satisfeito. A tentação sexual não acaba quando você diz "Sim". Resistir ao desejo sexual é uma parte do discipulado para todo cristão, não importando o nosso estado matrimonial ou os tipos de atrações que experimentamos. O desejo nunca deve receber a prioridade em lugar da obediência. Anseios intensos não tornam erros pecaminosos em direitos civis.

(3) A lógica revisionista é enganosa. Se a castidade é muito a ser pedido de uma pessoa que tem desejos homossexuais, também é muito a ser pedido da pessoa que tem desejos heterossexuais. O que pode ser dito sobre a mulher cristã que nunca acha um marido? Ou sobre o homem piedoso cuja esposa está paralisada aos 30 anos de idade, tornando impossível a intimidade sexual? Estes crentes escolheram o dom de celibato? Quantos de seus sonhos não serão realizados?

(4) Por fim, o argumento revisionista se fundamenta num entendimento errado de 1 Coríntios 7. O paralelo no versículo 7 – "cada um tem de Deus o seu próprio dom; um, na verdade, de um modo; outro, de outro" – não é, falando estritamente, uma referência ao celibato e ao casamento. Em vez disso, o contraste no versículo 7 é entre "o dom de uma atitude positiva que valoriza sem frustação as liberdades do celibato e a atitude positiva que provê afetuosamente as responsabilidades, as intimidades, o amor e os 'deveres' do casamento, enquanto vive igualmente o evangelho".[9] A de-

---

9 Anthony C. Thiselton, *The First Epistle to the Corinthians*, New International Greek Testament Commentary (Grand Rapids, MI: Eerdmans, 2000), 513-14. De modo semelhante, Roy

"Não é justo"

cisão de obedecer a Deus e desfrutar de intimidade sexual apenas no contexto de casamento entre um homem e uma mulher não depende de um dom especial da parte de Deus. Quando a pessoa solteira abraça as vantagens de ser solteiro e as oportunidades evangélicas peculiares ao estado de solteiro, isto é considerado um *charisma* dado pelo Espírito Santo para a edificação do corpo (7.32-35; 12.7). É inconcebível que Paulo, o qual argumentou que os praticantes de homossexualidade não herdarão o reino de Deus (6.9-10) e que um homem deve ter sua própria mulher e cada mulher seu próprio marido (7.2), estivesse sugerindo nesta passagem que pessoas com fortes desejos homossexuais poderiam satisfazer tais desejos se a pureza sexual fosse muito onerosa.

Não é justo – Deus não quer que eu seja tão infeliz
E quanto à experiência daqueles que têm se considerado mais felizes depois que se renderam a seus desejos homossexuais? A literatura revisionista está cheia de histórias de integrantes da comunidade gay que costumavam ser infelizes e cheios de desespero, às vezes (como eles descrevem) porque estavam cercados de igrejas e famílias que não admitiam o

---

E. Ciampa e Brian S. Rosner: "No versículo 7, o *dom* de Deus não é o celibato em si mesmo, especialmente concebido como um estado perpétuo... Os estados de celibato/solteirice e casamento são dons comuns da providência para toda a criação. Quando Paulo fala de 'dons' em suas cartas, está significando não aqueles dons que têm referência à criação, e sim aqueles têm referência à nova criação do reino e do evangelho, dons que têm responsabilidades especificamente para com Deus e para com o povo de Deus. Os dons que Paulo tem em mente no versículo 7 se referem ao contentamento que contribui para uma vida de serviço e não a uma chamada vitalícia ao 'estado de eunuco' (cf. Mt 19.12)" (*The First Letter to the Corinthians* [Grand Rapids, MI: Eerdmans, 2010], 285-86).

homossexualismo. Quando tentaram mudar sua sexualidade e adotar o celibato permanente, nunca se sentiram perto de Deus e nunca experimentaram a paz que excede todo o entendimento. Em muitos casos, aqueles que têm sentimentos homossexuais se descrevem como quem crescia com ódio por seu próprio corpo e um desgosto inicial por seus próprios desejos. Suas vidas eram tomadas frequentemente por depressão, confusão e, às vezes, por pensamentos suicidas.

Mas, à medida que as histórias prosseguem, quando aprenderam a aceitar sua identidade dada por Deus e a conciliar sua fé com sua orientação sexual, muitos "gays cristãos" descobriram uma nova vibração em seu andar com Deus. Se adotar a sua sexualidade foi realmente um passo para longe de Deus, perguntam os autores revisionistas, por que tantos "gays cristãos" estão florescendo espiritualmente? Uma árvore saudável não pode dar fruto mau, e uma árvore doente não pode dar bom fruto (Mt 7.18). Como devemos explicar a presença de homens e mulheres generosos e sacrificiais que seguem a Cristo *e* vivem em relacionamentos homossexuais comprometidos? Não faz sentido condenar a homossexualidade, quando tantos cristãos se tornam infelizes por reprimirem sua orientação sexual, para depois se tornarem mais alegres e mais eficazes no ministério quando aprendem a aceitá-la.

Outra vez, vale a pena repetir: a experiência pessoal não é insignificante. Não importando a nossa posição sobre este assunto (ou sobre qualquer outro assunto), igrejas e pastores não devem ser indiferentes aos clamores daqueles que profes-

"Não é justo"

sam a Cristo e, ao mesmo tempo, professam ser infelizes. Não podemos deixar de atentar ao nosso sofrimento, mas não devemos pensar que Deus sempre diz o que queremos que ele diga em meio ao nosso sofrimento. A Bíblia precisa ter a palavra final sobre o que é bom para nós e o que glorifica a Deus. Como Jackie Hill-Perry diz em sua "Love Letter to a Lesbian" ("Carta de Amor para Uma Lésbica"):

> Você percebe o que Deus tem a dizer sobre a homossexualidade, mas seu coração não profere os mesmos sentimentos. A Palavra de Deus diz que a homossexualidade é pecaminosa; seu coração diz que parece certa. A Palavra de Deus diz que a homossexualidade é abominável; seu coração diz que é prazerosa. A Palavra de Deus diz que a homossexualidade é antinatural; seu coração diz que é totalmente normal. Você percebe que há um divisão clara entre o que a Palavra de Deus diz e o que seu coração sente?[10]

Devido aos efeitos corruptores da queda e à propensão da raça humana para autoengano, devemos fundamentar nossas decisões éticas em algo mais do que nosso senso subjetivo do que parece certo. E o que devemos dizer quanto à mulher que deixa um casamento infeliz, casa com o homem com quem estava tendo um caso e, depois do divórcio e novo casamento

---

10 Hill-Perry, "Love Letter to a Lesbian".

sem bases bíblicas, diz que nunca se sentiu tão perto de Deus? E quanto ao homem que se sente insatisfeito porque não vê pornografia por duas semanas? E quanto a todos aqueles amáveis cristãos que fazem muitas coisas boas na igreja, enquanto mantêm pontos de vista racistas sobre afro-americanos? Quaisquer destes pecados se tornam aceitáveis porque a pessoa que os comete sente que eles são bastante naturais?

O "bom fruto" do qual Jesus fala em Mateus 7.15-20 não é uma referência ao meu senso de satisfação ou minha perceptível eficácia de ministério. O versículo seguinte deixa claro que fazer obras em nome de Jesus, mesmo com resultados impressionantes, não é garantia de entrada no reino do céu (vv. 21-23). Dar fruto significa fazer a vontade de nosso Pai, que está no céu (v. 21). Jesus está procurando seguidores que ouvirão as suas palavras e as colocarão em prática (vv. 24-27). Não importando o que sintamos a respeito de nós mesmos e o que outros pensem sobre nossa eficácia na igreja, não há árvores genuinamente saudáveis sem a obediência a Cristo e o fruto do Espírito (Gl 5.16-24).

Vendo o sexo na perspectiva correta

Não estou negando que estas sejam afirmações árduas para pessoas que têm desejos homossexuais, bem como para seus amigos e familiares. Jesus tinha uma inclinação por dizer coisas árduas. Ele disse a seus discípulos que não basta apenas confessar as coisas certas sobre o Messias. Se eles queriam ser discípulos verdadeiros, precisariam negar a si mesmos, tomar

"Não é justo"

a sua cruz e segui-lo (Mt 16.17, 23, 24). Tente salvar sua vida, e você a perderá. Esteja disposto a perder a sua vida, e você a salvará (v. 25). A graça que nos leva a dizer sim para nosso grande Deus e Salvador Jesus Cristo também exige que digamos não para a impiedade e paixões mundanas (Tt 2.11-14).

Morrer para si mesmo é o dever de todo seguidor de Cristo. Tenho minhas próprias lutas, meus próprios pecados e meu próprio sofrimento. Todos temos. Todos nós fomos corrompidos pelo pecado original. Todos mostramos sinais de "como as coisas não deveriam ser." Todos gememos pela redenção de nosso corpo (Rm 8.23). Todos nós ansiamos que a criação seja liberta da escravidão à corrupção e obtenha a liberdade da glória dos filhos de Deus (v. 21). Isto não minimiza a luta daqueles que experimentam atração homossexual, mas maximiza as maneiras em que somos mais semelhantes do que diferentes. Tristeza e gemido, anseio e lamento, entristecidos mas sempre alegres – é a vida que vivemos entre dois mundos. Há muito tempo a igreja conhece o sofrimento de perseguição, infertilidade, traição, injustiça, vício, fome, depressão e morte. A igreja está apenas começando a aprender sobre o sofrimento de viver com atração homossexual indesejada. Para um número cada vez maior de cristãos, isso é parte da cruz que eles têm de carregar.

E não devem carregá-la sozinhos. Permanecer solteiro – e isso será uma parte da obediência para muitos que experimentam atração homossexual – não significa que a pessoa tem de viver sozinha, morrer sozinha, nunca dar as mãos, nunca receber um abraço e nunca conhecer o toque de outro ser humano. Se pedirmos aos cristãos solteiros que permaneçam em castidade, estamos lhes pedindo apenas que carreguem uma cruz na comunidade. Talvez *solteiro* não seja o melhor termo para designar aqueles que esperamos vivam uma vida plena no meio de amigos e colaboradores. Se Deus faz que o solitário more em família, devemos fazer o mesmo (Sl 68.6). Não há nenhuma razão para admitirmos o cenário desagradável pintado pelos revisionistas. Com franqueza quanto às lutas e abertura para com os que lutam, os cristãos em nosso meio que experimentam atração homossexual não precisam viver sem amigos, sem ajuda, sem esperança.

Mas é claro que nada disto é possível sem erradicarmos a idolatria da família nuclear, que exerce domínio em muitas igrejas. A trajetória do Novo Testamento é *relativizar* a importância do casamento e de parentesco biológico. Uma esposa e uma minivan cheia de crianças a caminho do Disney World é um dom prazeroso e um deus terrível. Se tudo na comunidade cristã gira em torno de ser casado e ter filhos, não devemos ficar surpresos se o permanecer solteiro parecer uma sentença de morte.

Se esse é o desafio da igreja, o que é necessário na cultura mais ampla é uma profunda desmitificação do sexo. Nada na Bíblia nos encoraja a dar ao sexo o status elevado que ele tem em nossa cultura, como se achar nosso propósito, nossa identidade e nossa realização dependesse totalmente do que podemos ou não podemos fazer com nossas partes íntimas.

"Não é justo"

Jesus é o exemplo mais pleno do que significa ser um humano, e ele nunca fez sexo. Como chegamos a pensar que os vínculos emocionais mais intensos e os aspectos mais realizadores da vida só podem ser expressos com intimidade sexual? Do ponto de vista cristão sobre o céu, não há casamento na bem-aventurada vida por vir (Lc 20.34-35). A intimidade conjugal é apenas uma sombra de uma realidade mais sublime e gloriosa, o casamento de Jesus Cristo com sua noiva, a igreja (Ap 19.6-8). Se a intimidade sexual não é nada na eternidade, como podemos fazer com que ela seja tudo aqui neste mundo? Seria terrivelmente injusto se a igreja dissesse aos que têm desejos homossexuais que eles não são plenamente humanos e não podem seguir uma vida plenamente humana. Mas, se o *summum bonum* da existência humana é definido por algo além de sexo, as coisas árduas que a Bíblia tem a dizer aos que têm desejos homossexuais não são materialmente diferentes das coisas árduas que ela tem a dizer a todos os demais.

12

"O DEUS QUE EU ADORO É UM DEUS DE AMOR"

O Deus da Bíblia é profunda e propositalmente um Deus de amor. Ele é misericordioso e gracioso, tardio em irar-se e abundante em benignidade (Sl 103.8). Deus amou tanto o mundo que deu seu único Filho, para que todo o que nele crê não pereça, mas tenha a vida eterna (Jo 3.16). O amor de Deus foi manifesto em haver Deus enviado o seu Filho unigênito ao mundo, para vivermos por meio dele (1 Jo 4.9). Deus é amor (v. 16).

Sem negar ou minimizar um *iota* destas preciosas verdades bíblicas, precisamos deixar claro que o amor de Deus não anula todos os outros atributos divinos. É bom que reconsideremos a doutrina da simplicidade divina.[1] Por "simplicidade"

---

[1] O mais antigo dos padrões doutrinários das igrejas reformadas, a Confissão Belga (1561), começa com a declaração de "que há um único e simples ser espiritual, a quem chamamos Deus" (Artigo 1).

não estamos dizendo que Deus é lerdo ou estúpido. Também não estamos dizendo que ele é fácil de entender. *Simples*, como atributo divino, é o contrário de *composto*. A simplicidade de Deus significa que ele não é *formado* de seus atributos. Ele não *consiste* de bondade, misericórdia, justiça e poder. Ele é bondade, misericórdia, justiça e poder. Cada atributo de Deus é idêntico com sua essência.

Isto significa que é errado insistir em que o amor de Deus é a verdadeira natureza de Deus, enquanto onipotência (ou santidade, ou soberania, ou qualquer outra característica) é apenas um *atributo* de Deus. Este é um erro comum, um erro que a doutrina da simplicidade nos ajudar a evitar. Ouvimos frequentemente pessoas dizerem: "Deus pode *ter* justiça ou ira, mas a própria essência de Deus é amor". A implicação é que o amor é mais central à natureza de Deus, mais verdadeiro à sua real identidade do que outros atributos menos essenciais. Mas isto é imaginar Deus como um ser composto e não como um ser simples. É perfeitamente apropriado salientar o amor de Deus quando o torna num tema central. Mas a declaração "Deus é amor" (1 Jo 4.8) não possui um peso metafísico maior do que "Deus é luz" (1 Jo 1.5), "Deus é espírito" (Jo 4.24), "Deus é fogo consumidor" (Hb 12.29) ou de afirmações sobre a bondade, a benignidade, o poder e a onisciência de Deus. Julgamentos morais contra a homossexualidade não podem ser superados pelo argumento "Sim, mas Deus é amor". A simplicidade de Deus nos impede de qualificar certos atributos como mais elevados ou mais essenciais do que outros.

Jesus, o intolerante

Decisivamente, não podemos concordar com um entendimento de amor importado da cultura. O amor de Deus não deve ser confundido com uma afirmação abrangente ou um discurso popular inspirador. Nenhum pai responsável jamais pensaria que amar seu filho significaria aprovar todos os desejos dele e achar meios de satisfazer quaisquer desejos que ele julga importantes. Geralmente os pais sabem melhor o que seus filhos realmente precisam, assim como Deus *sempre* sabe como devemos viver e quem devemos ser. Os cristãos não podem ser tolerantes de todas as coisas porque Deus não tolera todas as coisas. Podemos respeitar opiniões diferentes e tratar nossos oponentes com civilidade, mas não podemos dar nossa aprovação incondicional e imprópria a toda crença e a todo comportamento. Devemos amar o que Deus ama. Foi nisso que a igreja de Éfeso falhou (Ap 2.4). Mas também devemos odiar o que Deus odeia (v. 6). Foi nisso que a igreja de Tiatira falhou.

Das setes cidades mencionadas em Apocalipse, Tiatira é a menos conhecida. Mas, apesar disso, a carta dirigida à igreja em Tiatira é a mais longa das sete. Havia muita coisa acontecendo nesta igreja – algumas más, algumas boas.

Vamos começar com as coisas boas. No versículo 19, Jesus diz: "Conheço as tuas obras, o teu amor, a tua fé, o teu serviço, a tua perseverança". A igreja em Éfeso foi louvada por suas boas obras e grande obra ética. Em algumas maneiras, a igreja em Tiatira foi ainda melhor. Ela tinha as obras de Éfeso e o amor que Éfeso não tinha. A igreja em Tiatira não estava sem virtude genuína. Era um grupo bem unido que amava, servia, cria e perseverava.

Talvez a igreja em Tiatira fosse o tipo de igreja que vinha até você e logo o fazia sentir-se como pertencente ao grupo: "Como é bom conhecer você. Venha, quero lhe apresentar meus amigos. Eu lhe mostrarei como você pode se enturmar, usar seus dons, fazer ministério. Estamos tão felizes por ter você aqui". Era uma igreja cuidadosa, sacrificial e amorosa. Essa era a parte boa.

E a parte má? "Tenho, porém, contra ti o tolerares que essa mulher, Jezabel" (v. 20). O amor de Tiatira talvez fosse um amor não discernente e cegamente afirmador. A igreja tolerava falso ensino e comportamento imoral, duas coisas que Deus não tolera rigorosamente. Jesus diz: "Vocês estão amando de muitas maneiras, mas a tolerância de vocês não é amor. É infidelidade".

O pecado específico da igreja em Tiatira era tolerar Jezabel. Esse não era o verdadeiro nome da mulher. Mas esta falsa profetiza estava agindo como a famosa Jezabel do Antigo Testamento – levando pessoas ao adultério e idolatria. Não sabemos se a influência desta mulher idólatra foi formal (ela se levantava na frente das pessoas e lhes dizia coisas enganosas) ou informal (ela se engajava em conversas privadas ou suas mentiras se propagavam por boca de outros). No entanto, estava acontecendo; ela era um perigo espiritual como a mulher de mesmo nome do Antigo Testamento.

Jezabel (a do Antigo Testamento) era filha de Etbaal, rei dos sidônios. Ela adorava Baal e Asera e levou seu marido, Acabe, a fazer o mesmo. Jezabel foi a mulher que tramou a morte do inocente Nabote, para ter a vinha dele. Foi chamada de "aquela maldita" (2 Rs 9.34). Como punição por sua impiedade, Jezabel foi empurrada de uma janela, pisoteada por cavalos e comida por cães. Ela era uma mulher má. E levou muitos israelitas a seguirem um caminho mau.

Jesus diz sobre a igreja em Tiatira: "Vocês estão seguindo uma mulher que quer ter domínio sobre o povo da igreja. Por que vocês a toleram? Não a aprovem. Livrem-se dela... ou eu". Aparentemente, de algumas maneiras, o Senhor já a havia advertido a que se arrependesse, mas ela se recusara. E, por isso, agora o Senhor Jesus promete prostrá-la de cama e também fazer seus seguidores sofrerem, a menos que se arrependam. Jesus não está brincando aqui. Isto não é uma questão insignificante. A impiedade de Jezabel era um pecado sério, digno de morte.

Era também um pecado arraigado. Tiatira apoiava várias associações de profissionais. Suponha que você pertencesse à Associação de Pedreiros de Tiatira, e uma noite a associação se reunisse para uma festa. Você estaria sentado ao redor da mesa, pronto para ter parte na grande celebração com seus amigos e colegas, e o anfitrião dissesse algo assim: "Estamos felizes por você estar aqui. Que ocasião feliz para a nossa associação! Temos uma grande festa preparada para você. Mas, antes de participarmos, queremos reconhecer o grande deus Zeus, que protege os pedreiros e tornou este jantar possível. Zeus – vemos sua estátua no canto – comemos em teu nome, em tua honra, para tua adoração. Vamos começar a comer".

O QUE A BÍBLIA ENSINA SOBRE A HOMOSSEXUALIDADE?

O que você faria nessa situação? Ficaria ou iria embora? O que a sua participação significaria diante de seus irmãos em Cristo, diante do mundo e diante de Deus? Os cristãos do mundo antigo não precisavam sair à procura de idolatria. A idolatria estava entretecida na estrutura de toda a sua cultura. Não participar destes rituais pagãos era atrair o ridículo e a marginalização. Estas festas, com sua idolatria e orgia sexual que muitas vezes as acompanhavam, eram uma parte normal da vida no mundo greco-romano. Retirar-se delas seria social e economicamente desastroso.

Esta é a razão por que mestres como Jezabel em Tiatira, ou os nicolaítas em Pérgamo, ganhavam tanta audiência. Eles tornavam o ser cristão algo bem mais fácil, muito menos custoso e muito menos contrário à cultura. Mas era um cristianismo comprometido, e Jesus não podia tolerá-lo. Ele faria de Tiatira um exemplo para mostrar a todas as igrejas que ele tinha os olhos como chama de fogo (tão puros que não podiam ver o mal) e os pés como bronze polido (tão santos que não podiam andar em meio à impiedade). Jesus queria que todas as igrejas soubessem que ele era o perscrutador de corações e mente e que pagaria com mal o mal impenitente, assim como recompensaria os que vencessem as tentações da cultura que os cercava e sustentassem seu compromisso com a verdade (Ap 2.26-28).

Mostre-me o texto

Os debates sobre gênero e sexualidade não estão desaparecendo. Quer você aprecie a frenética agitação ou (mais provavelmente) deseje que toda a grande bagunça da controvérsia desapareça, esse não é o mundo em que vivemos. As questões são muito importantes, os riscos são muito elevados, os sentimentos muito intensos para que nos esquivemos tranquilamente de tudo isto. O mundo (e a igreja) continuará a argumentar sobre comportamento homossexual e casamento de pessoas do mesmo sexo e a questionar se Jesus iria a um casamento homossexual. Bastante justo. Vivemos num país livre. Na arena pública (que não é a mesma dos limites de membresia da igreja ou de compromisso confessional), devemos esperar uma violenta e confusa troca de ideias e de argumentos.

No entanto, aí está o problema. Um discurso bombástico não é uma ideia, e sentimento ferido não é um argumento. Certamente, o modo como fazemos os outros se sentirem é importante. Mas, em nossa era de ultrajes perpétuos, precisamos deixar claro que ausência de ofensa não é prova de coerência ou plausibilidade de qualquer argumento. Este não é o tempo para pensamento confuso. Não é o tempo para esquivar-se de definições cuidadosas. Não é o tempo para deixar que os ânimos substituam a lógica. Estas são questões difíceis. São questões pessoais. São questões complicadas. Não podemos traçar nosso curso ético por meio do que julgamos melhor. Não podemos edificar nossa teologia baseados no que nos faz parecer melhor. Não podemos abdicar de nossa responsabilidade intelectual porque pessoas inteligentes discordam.

E certamente não podemos manter nossas Bíblias fechadas. Temos de nos submeter à Escritura e deixar que Deus seja verdadeiro, ainda que isso torne cada homem mentiroso (Rm 3.4). Afinal de contas, podemos ser inventores de males (Rm 1.30), mas, de acordo com Jesus, as Escrituras não podem falhar (Jo 10.35). Devemos ser como os bereianos, que examinavam as Escrituras diariamente, para verificar se deveriam crer no que estavam ouvindo (At 17.11). Não devemos nos contentar com slogans e frases de efeito. É fácil dizer coisas como "O amor é mais importante do que a religião", ou "a graça de Deus é sempre surpreendente e escandalosa", ou "Jesus rejeitou os tradicionalistas de seus dias e recebeu os excluídos" – mas o que significa realmente qualquer destas afirmações piedosas? A menos que expliquemos o que pretendemos dizer com os termos "amor", "religião", "graça", "tradicionalistas", "recebeu" e "excluídos", estamos falando em chavões sem sentido. Alguém poderia facilmente generalizar, com base, digamos, no primeiro capítulo do Sermão do Monte, afirmando que o mundo odeia aqueles que são comprometidos com a santidade (Mt 5.10-12, 13), que os líderes religiosos do século I não eram suficientemente religiosos (vv. 17-20) e que Jesus odiava a inclusão ética dos fariseus (vv. 21-48). Cada uma destas afirmações poderia ser verdadeira, mas exigem definição e nuança. Afirmações amplas de sentimento espiritual nebuloso não formam uma cosmovisão. Mostre-me o texto – todos os textos relevantes. Precisamos conhecer a Bíblia melhor do que separar versículos específicos por causa de temas gerais.

E isso se aplica ao amor de Deus. Deus é amor, mas isto é muito diferente de afirmar que o entendimento de amor de nossa cultura deve ser Deus.² "Nisto consiste o amor", escreveu João, "não em que nós tenhamos amado a Deus, mas em que ele nos amou e enviou o seu Filho como propiciação pelos nossos pecados" (1 Jo 4.10). Amor é o que Deus fez em enviar seu Filho para ser nosso Substituto na cruz (Rm 5.8). Amor é o que fazemos quando guardamos os mandamentos de Cristo (Jo 14.15). Amor é socorrer nossos irmãos e irmãs em necessidade (1 Jo 3.16-18). Amor é tratar uns aos outros com bondade e paciência (1 Co 13.4). Amor é disciplinar o pecador errante (Pv 3.11-12). Amor é disciplinar o santo rebelde (Hb 12.5-6). E amor é receber de braços abertos o filho pródigo quando ele vê seu pecado, cai em si e volta para o lar (Lc 15.17-24).

O Deus que adoramos é realmente um Deus de amor. E isso não torna, de acordo com qualquer versículo da Bíblia, o pecado sexual aceitável. Mas torna, segundo o testemunho de inúmeros versículos em toda a Bíblia, cada um dos pecados sexuais mutáveis, redimíveis e admiravelmente perdoáveis.

---

2 Como Jean Lloyd, uma ex-lésbica, disse: "Continue a me amar, mas lembre que você não pode ser mais misericordioso do que Deus. Não é misericórdia afirmar atos homossexuais como bons... Não comprometa a verdade; ajude-me a viver em harmonia com ela" ("Seven Things I Wish My Pastor Knew about My Homosexuality", *Public Discourse*, December 10, 2014, http://www.thepublicdiscourse.com/2014/12/14149/).

CONCLUSÃO

ANDANDO COM DEUS E ANDANDO UNS COM OS OUTROS EM VERDADE E GRAÇA

Não escolhemos viver na época em que vivemos e não escolhemos todos os conflitos com que nos deparamos. Fidelidade é escolha nossa; a forma dessa fidelidade é Deus quem determina. Em nosso tempo, fidelidade significa (entre muitas outras coisas) uma reafirmação pacientemente encantadora e cuidadosamente raciocinada do que antes era óbvio: o comportamento homossexual é um pecado. Juntamente com a maioria dos cristãos ao redor do mundo e quase todo cristão nos primeiros dezenove séculos e meio de história da igreja, eu creio que a Bíblia coloca o comportamento homossexual – independentemente do nível de compromisso e afeição mútua – na categoria de imoralidade sexual. "Escrever-lhes as mesmas coisas, numa era de esquecimento proposital, não é problema para mim e é segurança para vocês", Paulo poderia dizer (cf. Fp 3.1).

O QUE A BÍBLIA ENSINA SOBRE A HOMOSSEXUALIDADE?

No entanto, pessoas diferentes precisam ouvir as mesmas coisas de maneiras diferentes e com propósitos diferentes. Gostaria de pensar que todos os leitores deste livro avaliarão os argumentos imparcialmente e considerarão seus méritos baseados em conclusões exegéticas, históricas e teológicas cuidadosamente ponderadas. Mas sei que é difícil ler (ou escrever) *qualquer* livro sem que apareçam a personalidade e a história pessoal, quanto menos um livro sobre um assunto altamente carregado de controvérsia. Isso não significa que objetividade, clareza e integridade bíblica sejam impossíveis. Mas significa, de fato, que, ao considerar este assunto, cada um de nós precisa examinar suas predileções e predisposições, onde estamos e aonde precisamos chegar.

Mais do que vocês podem imaginar

Para todos aqueles que estão prestes a abandonar o entendimento milenar de casamento, espero que considerem o que está em jogo. Por que é mais do que podem imaginar.

A lógica moral da monogamia está em jogo. Se três ou treze pessoas se amam mutuamente, por que não deveriam ter o direito de se casar? E por que não um irmão e uma irmã, ou duas irmãs, ou uma mãe e seu filho, ou um pai e seu filho, ou qualquer combinação de duas ou mais pessoas que se amam? Não estou sugerindo que é em favor disto que todos, ou a maioria dos cristãos liberais estão argumentando. Estou sugerindo que não há nenhuma lógica coerente que impeça esse tipo de argumento. Jesus nunca falou explicitamente contra a

Conclusão

poligamia. Também nunca disse nada contra o incesto. Talvez os autores do Novo Testamento conhecessem apenas a poligamia abusiva. Se soubessem de relacionamentos polígamos (várias esposas) ou poliamorosos (vários amantes) comprometidos, quem pode dizer que não teriam aprovado? Uma vez que aceitemos a lógica de que, para o amor ser validado, deve ser expresso sexualmente e de que aos envolvidos em atividade sexual consensual não pode ser negado o "direito" de casar, abrimos a porta da caixa de Pandora de permutas conjugais que não pode ser fechada.

A integridade da ética sexual cristã está em jogo. A questão é maior do que apenas homossexualidade. Quando uma área de ética sexual é liberada, o resto tende a ser liberado. Aqueles que culpam os tradicionalistas por se manterem em silêncio a respeito de pecados heterossexuais falarão agora contra sexo pré-conjugal, infidelidade conjugal e divórcio não bíblico, especialmente quando estes pecados ocorrem entre os que estão engajados em atividade homossexual? Os que estão nas igrejas e apoiam a prática homossexual e os cristãos professos envolvidos nessa prática celebrarão agora a sublime chamada bíblica à santidade pessoal, ou a aceitação do comportamento homossexual revela um declínio mais abrangente dos padrões éticos?[1]

---

[1] De acordo com um estudo feito por um sociólogo na Universidade do Texas, cristãos que frequentam a igreja e *apoiam* o casamento homossexual são muito mais favoráveis do que cristãos que frequentam a igreja e se opõem ao casamento homossexual a concordarem ou concordarem fortemente com o fato de que ver pornografia está correto (33,4% contra 4,6%), de que sexo pré-conjugal é bom (37,2% contra 10,9%), de que sexo sem vínculos de compromisso é correto (33,0% contra 5,1%) e de que não há problema em que três ou mais adultos

O QUE A BÍBLIA ENSINA SOBRE A HOMOSSEXUALIDADE?

A autoridade da Bíblia está em jogo. Não é surpreendente que ambos os lados, os tradicionalistas e os revisionistas, tenham suas histórias de "conversão". Num lado, homens e mulheres deixam para trás uma vida de prática homossexual; no outro lado, homens e mulheres deixam para trás um vida de fundamentalismo. Ambos os tipos de história têm um sentimento de "eu era cego e agora vejo" atrelados a elas: "Eu era um homossexual praticante, mas me submeti à Palavra de Deus e Jesus me libertou", ou: "Eu pensava que a homossexualidade era errada, mas compreendi quão opressivas eram as expectativas que me cercavam e fui à Bíblia e descobri que os textos não significam o que eu achava que eles significavam".

Não estou dizendo que aqueles que estão no lado revisionista não levam a Bíblia a sério. Muitos deles a levam a sério. Mas acontece que o fator determinante para chegarem a rejeitar o ponto de vista histórico da igreja é frequentemente algum tipo de experiência pessoal: um amigo gay, uma irmã lésbica, um membro de igreja homossexual, um senso de vazio, um senso de felicidade, um senso de proximidade de Deus. Na maioria dos casos em que leio sobre pessoas que mudaram seu pensamento sobre a homossexualidade (ou para abraça-

---

vivam um relacionamento sexual (15,5% contra 1,2%). Os favoráveis ao casamento homossexual foram também mais favoráveis a apoiarem o direito de aborto (39,1% contra 6,5%). E cada uma destas porcentagens foi ainda maior quando a pesquisa foi dirigida àqueles que se identificaram como gays ou lésbicas cristãos – 57% acharam que ver pornografia era permissível; 49,7% concordaram em que sexo pré-conjugal era bom; 49% acreditavam que sexo sem vínculos de compromisso era correto; 31,9% aprovaram relacionamentos poliamorosos; e 57,5% apoiaram o direito de aborto (Mark Regnerus, "Tracing Christian Morality in a Same-Sex Marriage Future", *Public Discourse*, August 11, 2014, http://www.thepublicdiscourse.com/2014/08/13667/).

Conclusão

rem desejos homossexuais ou para apoiarem aqueles que o fazem), isso se deu primeiramente por causa de uma experiência e, depois, porque eles concluíram que a Bíblia não tem de contradizer aquilo em que chegaram a crer por meio de sua experiência.

Luke Timothy Johnson, um respeitado erudito de Novo Testamento que apoia o comportamento homossexual, se referiu a este assunto com sinceridade estimulante:

> Acho importante afirmar claramente que rejeitamos, de fato, os mandamentos francos da Escritura e apelamos, em lugar dela, a outra autoridade, quando declaramos que uniões homossexuais podem ser santas e boas. E qual é exatamente essa autoridade? Apelamos explicitamente ao valor de nossa própria experiência e da experiência de milhares de outros que têm testemunhado, o que nos diz que afirmar nossa própria orientação sexual é, de fato, aceitar a maneira como Deus nos criou.[2]

---

[2] Luke T. Johnson, "Homosexuality and the Church: Scripture and Experience", *Commonweal.com*, June 11, 2007, https://www.commonwealmagazine.org/homosexuality-church-1. Em termos semelhantes, Diarmaid MacCulloch, um condecorado historiador e homossexual que deixou a igreja por causa da questão de homossexualidade, escreveu: "Isto é uma questão de autoridade bíblica. Apesar de muita perambulação teológica complexa e bem-intencionada em sentido contrário, é difícil ver a Bíblia expressando qualquer outra coisa além de desaprovação da atividade homossexual, quanto menos qualquer noção de uma identidade homossexual. As únicas alternativas são ou tentar ajustar-se aos padrões de vida e conjecturas apresentados na Bíblia ou dizer que nisto, como em outras coisas, a Bíblia está errada" (*The Reformation: A History* [New York: Penguin, 2003], 705).

Há uma palavra para isto: chama-se liberalismo. Não estou dizendo isso como um ataque, mas como uma questão de definição. Liberalismo é tanto uma tradição, resultante da tentativa protestante do final do século XVII para reconfigurar o ensino cristão tradicional à luz do conhecimento e dos valores modernos, quanto uma abordagem diferente mas reconhecível de teologia. Gary Dorrien, o principal perito em teologia liberal americana, sendo ele mesmo parte dessa tradição, dá esta definição:

> Fundamentalmente, é a ideia de um cristianismo genuíno não baseado em autoridade externa. A teologia liberal busca reinterpretar os símbolos do cristianismo de uma maneira que crie uma alternativa religiosa progressiva ao racionalismo ateísta e a teologias baseadas em autoridade externa. Especificamente, a teologia liberal é definida por sua abertura aos vereditos da inquirição intelectual moderna, em especial as ciências naturais e sociais; seu compromisso com a autoridade da razão e da experiência individual; sua concepção de cristianismo como uma maneira de vida ética; seu favorecimento de conceitos morais de expiação e seu compromisso de tornar o cristianismo crível e socialmente relevante para as pessoas modernas.[3]

---

3 Gary Dorrien, *The Making of American Liberal Theology: Imagining Progressive Religion 1805-1900* (Louisville, KY: Westminster John Knox Press, 2001), xxiii.

Conclusão

Os cristãos precisam saber o que é o liberalismo, não para ficarem apavorados com ele, como se fosse o bicho-papão, mas para que possam ver como ele é realmente. O caminho que leva à afirmação do comportamento homossexual é uma jornada que deixa inevitavelmente para trás uma Bíblia clara e inerrante e pega do liberalismo várias conjecturas sobre a importância da autoridade individual e da credibilidade cultural.

Por fim, a grande narrativa da Escritura está em jogo. Não tenho certeza de que todos nós estamos contando a mesma história. Um Deus santo envia seu Filho santo para morrer como sacrifício expiatório por um povo impuro, para que eles, pelo poder do Espírito Santo, vivam em santidade e gozem a Deus para sempre no lugar santo que é o novo céu e a nova terra. Esta é a história celebrada e pregada nos sermões de igrejas abertas e afirmadoras? E há vinte anos atrás? E se expandíssemos a história e incluíssemos porções solenes sobre a exclusividade de Cristo e a eternidade do inferno? E se parte da história envolve crer que cada detalhe do Livro é completamente verdadeiro? E se a história nos chama à fé *e* ao arrependimento? E se a história se centraliza na cruz, não principalmente como um exemplo de amor, mas como a realização objetiva do amor em derramar a ira de Deus sobre um substituto que tomou sobre si o pecado?

O apoio ao comportamento homossexual sempre anda de mãos dadas com a diluição da ortodoxia correta e robusta, ou como a causa, ou como o efeito. Os espíritos que fazem uma pessoa ficar vacilante sobre a sexualidade bíblica são os mesmos que obscurecem a mente e o coração quanto à doutrina da criação, à exatidão histórica do Antigo Testamento, ao nascimento virginal, aos milagres de Jesus, à ressurreição, à segunda vinda, à realidade do inferno, à condenação daqueles que não conhecem a Cristo, à necessidade do novo nascimento, à inspiração e autoridade plena da Bíblia e à centralidade de uma cruz ensanguentada. Alguém pode negar que o comportamento homossexual é um pecado e, ainda assim, crer em cada linha do Credo Apostólico ou do Credo Niceno? Talvez... por um tempo... levemente. Mas, quando a pressão cultural se tornar mais forte e o nosso lidar com a Escritura, mais brando, ainda reconheceremos, como o Credo Atanasiano, que "para a salvação eterna é necessário que a pessoa creia também na encarnação de nosso Senhor Jesus Cristo", que "em sua vinda todas as pessoas serão ressuscitadas fisicamente e prestarão contas de suas próprias obras", que "aqueles que tiverem feito o bem entrarão na vida eterna e aqueles que tiverem feito o mal entrarão no fogo eterno" e que tudo isto (incluindo o entendimento ortodoxo sobre a Trindade e as duas naturezas de Cristo) é a "fé católica" e que "ninguém pode ser salvo sem crer nela firme e fielmente"? Que proveito haverá para um homem se ele ganhar o aplauso da sociedade mas perder a sua alma?

Vimos a sua glória
E o Verbo se fez carne e habitou entre nós, cheio
de graça e de verdade, e vimos a sua glória, glória
como do unigênito do Pai (Jo 1.14).

Conclusão

Jesus era todo cheio de graça e de verdade, em todo o tempo. Ele recebeu pecadores e publicanos. Curou leprosos e paralíticos. Teve compaixão de multidões quando ficaram com fome e estavam longe de casa. Condenou hipócritas cheios de justiça própria. Profetizou julgamento sobre Jerusalém por causa de seus corações impenitentes. Falou sobre o inferno mais do que sobre o céu. Obedeceu à lei e teve misericórdia de transgressores da lei. Jesus nos dá tudo e exige tudo de nós. Morreu por nós e nos diz que devemos morrer por ele.

Precisamos desesperadamente de graça em nossa vida. Precisamos ouvir de Jesus: "Vinde a mim, todos os que estais cansados e sobrecarregados, e eu vos aliviarei" (Mt 11.28). Precisamos saber que Deus não espera que purifiquemos nossos atos antes de irmos a Cristo. Ele nos exorta que vamos, agora, hoje, como estamos – em quebrantamento, em dor, em humildade, em arrependimento e fé. Precisamos ouvir que filhos obstinados, que têm desperdiçado sua herança e vivido de maneira imoral e rebelde, podem voltar ao lar, aos braços de seu Pai celestial (Lc 15.20).

Precisamos desesperadamente da verdade em nossa vida. Precisamos ouvir de Jesus: "A verdade vos libertará" (Jo 8.32). Precisamos ouvir de Jesus o que esta afirmação significa realmente: "Em verdade, em verdade vos digo: todo o que comete pecado é escravo do pecado... Se, pois, o Filho vos libertar, verdadeiramente sereis livres" (Jo 8.34-36). Precisamos que alguém tão gracioso quanto Jesus nos diga a verdade: não estamos bem. Precisamos de perdão. Precisamos de resgate. Precisamos de redenção.

Precisamos da verdade. Precisamos de graça. Precisamos de Jesus.

Somente Jesus pode salvar um ímpio como eu. Esse é o enredo da Bíblia e as melhores notícias que você jamais ouvirá. Jesus salva pecadores – os covardes e os irritadiços, os amorosos e os perversos, os rudes e os descuidados, os adúlteros e os idólatras, os sexualmente orgulhosos e os sexualmente impuros. Somente em Jesus podemos receber o novo nascimento. Somente por meio de Jesus podemos ser novas criaturas. Somente com Jesus todas as coisas podem se tornar novas. E somente por ouvir a Jesus – e o livro que seu Espírito inspirou – chegaremos a compreender que novas coisas são, às vezes, achadas somente por seguirmos os velhos caminhos (Jr 6.16).

APÊNDICE 1

E QUANTO AO CASAMENTO HOMOSSEXUAL?

Por desígnio, este livro é sobre a Bíblia. Em grande parte, eu me distanciei das controvérsias legais, políticas, científicas e educacionais em volta da homossexualidade. Mas neste apêndice, quero tocar brevemente no tópico do casamento homossexual.

Ponderei se deveria incluir esta seção. Por um lado, atingir algum propósito legal e político não é o objetivo deste livro. Minha preocupação é a igreja – o que ela crê, o que ela celebra e o que ela proclama. Também estou preocupado com o fato de que muitos cristãos mais jovens – ironicamente, eles são os que mais estão acostumados com transformação social e justiça social – não veem a conexão entre o ponto de vista tradicional do casamento e o florescimento humano. Muitos cristãos são exímios em ressuscitar o velho mantra pró-escolha, difundi-

O QUE A BÍBLIA ENSINA SOBRE A HOMOSSEXUALIDADE?

do por alguns políticos católicos: oposto pessoalmente, mas, em público, algo com que não se importam. Quero que os cristãos vejam por que este assunto é importante e por que – se e quando o casamento homossexual se tornar lei no país – a integridade da família será enfraquecida e a liberdade da igreja será ameaçada.

Sei que esta é uma linha de argumentação cada vez mais impopular, até para aqueles que são inclinados a aceitar o ensino da Bíblia sobre o casamento. Talvez, você concorde com as conclusões exegéticas expostas neste livro e creia que o comportamento homossexual seja biblicamente inaceitável. Apesar disso, você se pergunta o que está errado em apoiar o casamento homossexual como um direito civil e legal. Afinal de contas, não temos leis contra fofocas, ou adultério, ou adoração de falsos deuses. Ainda que eu não concorde com o casamento homossexual, não deveriam os que se identificam como gays e lésbicas ter a mesma liberdade que eu tenho para se casarem?

Essa é uma boa pergunta, mas, antes de tentarmos respondê-la, precisamos ter certeza de que estamos falando sobre a mesma coisa. Vamos pensar no que *não* está em jogo, no debate de casamento homossexual.

- O Estado *não* está ameaçando criminalizar o comportamento homossexual. Desde que a Suprema Corte anulou as leis contra sodomia no caso *Lawrence x Texas* (2003), o comportamento homossexual tem sido legal em todos os cinquenta estados.

Apêndice 1: E quanto ao casamento homossexual?

- O Estado *não* proibirá os envolvidos em relacionamentos homossexuais de se comprometerem um com o outro em cerimônias públicas ou celebrações religiosas.

- O Estado *não* irá legislar se dois adultos podem viver juntos, professar amor um ao outro ou expressar seu compromisso de maneiras que são sexualmente íntimas.

A questão não é a respeito de controlar "o que as pessoas podem fazer em seus banheiros" ou "quem podem amar". A questão diz respeito a que tipo de união o Estado reconhecerá como casamento. Qualquer sistema legal que distingue casamento de outros tipos de relacionamentos e associações excluirá, inevitavelmente, em sua definição, muitos tipos de uniões. O Estado nega certidões de casamento de três pessoas. Nega certidões de casamento para pessoas de oito anos de idade. Há quase um número infinito de combinações de amizade e parentesco que o Estado *não* reconhece como casamento. O Estado não nos diz de quem podemos ser amigos ou com quem podemos viver. Você pode ter um amigo, três amigos ou uma centena de amigos. Pode viver com sua irmã, sua mãe, sua avó, seu cachorro ou três colegas de trabalho. Mas estes relacionamentos – por mais especiais que sejam – não têm recebido a designação de "casamento" por parte da igreja ou do Estado. A recusa do Estado para reconhecer estes relacionamentos como relacionamentos conjugais não nos impede de buscá-los, desfrutá-los e considerá-los importantes.

Casamento: por que é tão importante?

Do ponto de vista tradicional, o casamento é a união de um homem e uma mulher. Isso é o que o casamento é, antes de o Estado conferir-lhe quaisquer benefícios. Do ponto de vista tradicional, o casamento é uma *instituição pré-política*. O Estado não determina o que define o casamento; apenas reconhece o casamento e o privilegia de certas maneiras. É uma triste ironia que os apoiadores do casamento homossexual em bases libertárias estejam cedendo ao Estado uma vasta quantidade de poder até agora desconhecido. O casamento não é mais tratado como uma entidade pré-política, que existe independentemente do Estado. Agora, o Estado define o casamento e autoriza sua existência. O Estado tem o direito, ou mesmo a competência, para construir e definir um dos mais essenciais relacionamentos da sociedade?

Devemos considerar por que o Estado tem se importado em reconhecer o casamento em primeiro lugar. Por que o casamento é tão importante? Por que não deixar que as pessoas tenham os relacionamentos que escolherem e os chamem como quiserem? Por que se inquietar com a sanção de um relacionamento específico e dar-lhe um status legal singular? A razão é que o Estado tem um interesse em promover o arranjo familiar pelo qual uma mãe e um pai criam filhos que procedem da sua união. O Estado tem se envolvido no assunto do casamento em favor do bem comum e do bem-estar da sociedade que ele deve proteger. Crianças funcionam melhor com uma mãe e um pai.[1]

---

1 Ver o impactante artigo de Katy Faust, "Dear Justice Kennedy: An Open Letter from the

Apêndice 1: E quanto ao casamento homossexual?

Comunidades funcionam melhor quando maridos e mulheres permanecem juntos. Centenas de estudos confirmam ambas as afirmações (embora eu saiba que todos podemos pensar em exceções individuais).[2] O casamento homossexual pressupõe que o casamento é redefinível e suas partes, substituíveis.

Por reconhecer as uniões homossexuais como casamento, semelhante ao relacionamento de marido e mulher que sempre chamamos de casamento, o Estado está se envolvendo em (ou pelo menos codificando) um enorme rearranjo de nossa sociedade. Pressupõe a indistinguibilidade de gênero na paternidade, a relativa importância da procriação no casamento e a quase infinita flexibilidade quanto aos tipos de estruturas e hábitos que levam ao florescimento humano.[3]

E quanto aos direitos iguais?

Como posso dizer que outro ser humano não tem o mesmo direito que eu tenho para casar? Isso não parece justo. É verdade: o direito de casar é fundamental. Mas equiparar a

---

Child of a Loving Gay Parent", no qual ela afirma que é "um dos muitos filhos de pais homossexuais que creem que devemos proteger o casamento", porque "o interesse do governo no casamento é a respeito de filhos que somente relacionamentos de homem e mulher podem produzir". *Public Discourse*, February 2, 2015, www.thepublicdiscourse.com/2015/02/14370.

2 Ver Maggie Gallagher, "(How) Does Marriage Protect Child Well-Being?", em *The Meaning of Marriage: Family, State, Market, and Morals*, eds. Robert P. George and Jean Bethke Elshtain (Dallas: Spence, 2006), 198-200.

3 A melhor explicação do que é o casamento, à luz da perspectiva da razão e da lei natural, pode ser vista em: Patrick Lee e Robert P. George, *Conjugal Union: What Marriage Is and Why it Matters* (Cambridge: Cambridge University Press, 2014); Anthony Esolen, *Defending Marriage: Twelve Arguments for Sanity* (Charlotte, NC: Saint Benedict Press, 2014); Sherif Girgis, Ryan T. Anderson e Robert P. George, *What is Marriage? Man and Woman: A Defense* (New York: Encounter Books, 2012).

sentença anterior com um direito de casamento *homossexual* é uma conclusão errada. Pressupõe que parcerias homossexuais constituem realmente um casamento. Ter o direito de casar não é o mesmo que ter um direito à validação do Estado de que cada e todo relacionamento sexual é casamento. A questão não é expandir o número de pessoas que podem participar do casamento, mas se o Estado declarará, privilegiará e legislará publicamente uma maneira diferente de definir todo o casamento. Ou, usando um exemplo diferente, o pacifista tem direito de unir-se ao exército, mas não tem direito de insistir em que o exército crie um grupamento não violento ao qual ele possa se unir.[4]

Redefinir o casamento para que inclua parcerias homossexuais valida publicamente estes relacionamentos como casamentos genuínos. Essa é a razão por que a sanção do Estado é tão crucial aos proponentes do casamento homossexual e tão desconcertante para aqueles que têm pontos de vista tradicionais. O estabelecimento do "casamento" homossexual preserva na lei um ponto de vista errado do casamento, um ponto de vista que diz que o casamento é essencialmente uma demonstração de compromisso expresso sexualmente. Do ponto de vista tradicional, o casamento foi ordenado para o bem-estar do filho, sendo isso a razão por que o Estado tem interesse absoluto em regulá-lo e apoiá-lo. Na nova moralidade, o casamento é orientado para o vínculo emocional do casal.

---

4 Esta analogia foi retirada de Voddie Baucham, "Gay Is Not the New Black", July 19, 2012, TGC, http://thegospelcoaliton.org/article/gay-is-not-the-new-black.

Apêndice 1: E quanto ao casamento homossexual?

O slogan pode ser "mantenha o governo fora de minha cama", como se a escolha pessoal e a privacidade fossem as questões salientes, mas os defensores do casamento homossexual não estão buscando algo privado. Eles querem reconhecimento público. Não duvido que, para muitos casais homossexuais, o anseio por casamento seja sincero, honesto e sem um desejo de prejudicar o casamento de outras pessoas. Apesar disso, uniões homossexuais não podem ser aceitas como casamento sem depreciar todos os casamentos, porque a única maneira de aceitar relacionamentos homossexuais como casamento é mudar totalmente o que casamento significa.

Suficiente é suficiente?

Então, por que não fazemos trégua na guerra cultural e deixamos o mundo definir o casamento à sua maneira, e a igreja definir o casamento à sua maneira? Você pode pensar consigo mesmo: talvez, se os cristãos fossem mais tolerantes com outras definições de casamento, não estaríamos nesta bagunça. O problema é que a ofensiva por aceitação do casamento homossexual tem se fundamentado na suposta intolerância dos que mantêm um ponto de vista tradicional. Os sinais de igualdade nos carros e em toda a mídia social estão formando um argumento *moral*: aqueles que se opõem ao casamento homossexual são injustos, incivis, associais, antidemocráticos e, talvez, até não humanos. Se os cristãos perderem o debate cultural sobre a homossexualidade, perderemos muito mais do que pensamos. David S. Crawford está certo:

A tolerância que é realmente oferecida é provisional e contingente, criada para se adaptar ao que é concebido como um segmento significativo, mas tímido, da sociedade que sustenta publicamente um preconceito privado intolerável. Onde, no decorrer do tempo, fica evidente que esse preconceito não tem desaparecido realmente, são necessárias medidas mais agressivas, que incluirão componentes legais e educacionais explícitos, bem como ostracismo.[5]

Não devemos ser ingênuos. A legalização do casamento homossexual significará a ilegalidade daqueles que ousarem discordar. A revolução sexual não tem sido um grande respeitador das liberdades civis e religiosas. Infelizmente, descobriremos que não há nada tão intolerante quanto a tolerância.[6]

Isto significa que a igreja deve esperar tristeza e condenação? Isso depende. Para os cristãos conservadores a ascendência do casamento homossexual provavelmente significará marginalização, insulto ou coisas piores. Mas isso deve ser esperado. Jesus não nos prometeu nada melhor do que ele mesmo recebeu (Jo 15.18-25). A igreja é, às vezes, mais vibrante, mais comunicativa e mais santa quando o mundo a pressiona ao máximo.

---

5 David S. Crawford, "Mechanism, Public Reason and the Anthropology of Orientation: How the Debate Over 'Gay Marriage' Has Been Shaped by Some Ubiquitous but Unexamined Assumptions", *Humanum* (Fall 2012): 8; disponível online em http://humanumreview.com//uploads/pdfs/CRAWFORD_SSU_main_17pp_(final).pdf.

6 Ver o excelente livro de D. A. Carson, *The Intolerance of Tolerance* (Grand Rapids, MI: Eerdmans, 2012).

Apêndice 1: E quanto ao casamento homossexual?

Mas nem sempre – às vezes, quando o mundo quer nos pressionar a adotar seu molde, nós cedemos e ficamos tranquilos. Preocupo-me com as decisões da Suprema Corte e das leis que nossos políticos colocam em vigor. Mas o que é mais importante para mim – porque creio que é mais crucial à propagação do evangelho, ao crescimento da igreja e à honra de Cristo – é o que acontece em nossas igrejas locais, nossas agências missionárias, nossas denominações, nossas organizações paraeclesiásticas e nossas instituições educacionais. Receio que os cristãos mais jovens não tenham a determinação necessária para discordância ou a mente crítica para argumentação cuidadosa. Vão além dos pontos de discussão. Aprendam muito sobre os assuntos. Não aceitem como válido qualquer slogan e não reconheçam todo insulto. O desafio que temos como igreja é convencer a nós mesmos de que crer na Bíblia não nos torna preconceituosos, assim como refletir a época não nos torna relevantes.

APÊNDICE 2

ATRAÇÃO HOMOSSEXUAL: TRÊS BASES

Entre os que concordam que a Bíblia proíbe a prática homossexual, há uma discussão crescente sobre se a atração homossexual é, em si mesma, pecaminosa. O assunto exige pensamento diligente, especialmente na definição de nossos termos. O que pretendemos dizer com palavras como *orientação*, *atração* e *desejo*? E o que os outros querem dizer quando usam estas palavras? O que a Bíblia diz, se é que diz alguma coisa, sobre o que elas deveriam significar? Embora muito da obra exegética e teológica fundamental tenha uma longa história, este assunto é, em si mesmo, muito novo. Tem atingido proeminência especial quando cada vez mais cristãos que experimentam atração homossexual estão, numa poderosa manifestação da graça de Deus, escolhendo viver vidas celibatárias, em vez de transgredirem o ensino claro da Escritura.

O QUE A BÍBLIA ENSINA SOBRE A HOMOSSEXUALIDADE?

Mais trabalho precisa ser feito para ajudar os cristãos a ponderarem o assunto da atração homossexual de uma maneira que seja biblicamente fiel, pastoralmente sensível e culturalmente bem informada. Não tenho todas as respostas, nem estou certo de quais são todas as perguntas. Mas, talvez, estas bases – que usam as três categorias mencionadas – possam ajudar-nos a formar um bom alicerce para reflexão e aplicação posteriores.

Base 1: biblicamente fiel
Sempre que a atração homossexual se manifesta como "intenção lasciva", o desejo é pecaminoso, como o seria para alguém que sente atração por pessoas do sexo oposto (cf. Mt 5.28). Isso é bastante claro. Mas poderia haver alguma área neutra de aprovação que fica aquém do desejo pecaminoso? Acho que sim. Um irmão pode ser capaz de discernir que sua irmã é linda ou uma irmã adulta poderia ser capaz de reconhecer que seu pai é bonito sem cometerem nada do tipo errado de *epithymia* (desejo). Da mesma maneira, a pessoa que tem atração homossexual pode ser capaz de perceber alguém do mesmo sexo como bonito sem culpa moral. Mas sejamos cuidadosos: desejos pecaminosos não são sempre tão óbvios como o pensamento verbalizado: "Eu gostaria de fazer sexo com esta pessoa". Desejos pecaminosos irrompem em olhares longos, segundos vislumbres, escolhas de entretenimento, apegos emocionais não saudáveis, fantasias e olhos divagadores (Jo 31.1). Isso serve para todos nós, não importando a nossa orientação.

Apêndice 2: Atração homossexual: três bases

Quanto às particularidades da atração homossexual, levando em conta a exegese deste livro, temos de concluir que até desejos homossexuais indesejados são desordenados (e, se o desejo equivale à "intenção pecaminosa", então, é pecaminoso). Ou seja, como disse um amigo que experimenta atração homossexual, a atração homossexual – usada aqui para significar mais do que homens simplesmente desejando a companhia de outros homens ou mulheres, de mulheres – não existia antes da queda, surgiu como resultado da queda e não existirá, quando a queda for finalmente vencida. Desejos são considerados bons ou maus não apenas por sua intensidade ou senso de proporção, mas com base em seu objeto. Um homem desejar fazer sexo com outro homem (ou uma mulher com outra mulher) não é a maneira como as coisas devem ser.

Base 2: pastoralmente sensível

Mas isso não é tudo que devemos dizer. Se pararmos aqui, arrasaremos (ou algo pior) o espírito de irmãos e irmãs que experimentam atração homossexual não por escolha consciente deles mesmos. Todos nós, cristãos, lutamos com pensamentos que não podemos entender bem e sentimentos que nunca quisemos. Isto não é um problema homossexual; é um problema humano. Imagino um jovem vindo até mim e dizendo, em lágrimas: "Eu me vejo atraído por homens e não por mulheres. Sinto-me tão impuro. Estou tão envergonhado. Sinto-me mal, miserável, bravo comigo mesmo e um fracasso diante de Deus, a cada segundo do dia". Nesta situação, eu chegaria, por fim, à chamada do discipulado cristão para vivermos em santidade de pensamento e obras, mas não começaria neste ponto porque este homem já se sente impuro. Eu lhe diria que sentir isto não o torna um fracasso e que o desejo de andar em santidade é evidência da obra do Espírito em sua vida. Eu lhe falaria sobre as boas novas do evangelho e lhe diria que Jesus é um sumo sacerdote que simpatiza conosco, intercede por nós e sabe o que significa ser tentado e provado. Eu lhe diria que Deus nos dá espinhos e imperfeições para nosso próprio bem e sua glória, e que Deus pode usar nossas lutas para abençoar-nos e abençoar outros por meio de nós. Se a pessoa que veio até mim fosse um homem de 50 anos de idade que planejasse deixar sua esposa e filhos para viver com outro homem, meu conselho poderia ser diferente, mas para aquele que luta em sinceridade queremos enfatizar que desejos desordenados podem surgir em nós involuntariamente, e que achar-se atraído por pessoas do mesmo sexo não o destina a uma vida inteira de culpa e ódio de si mesmo.

Base 3: culturalmente bem informada

É neste ponto que a conversa se torna mais complicada, porque não estamos lidando apenas com o que a Bíblia diz ou com o que deveríamos dizer, e sim com o que o mundo pensa que estamos dizendo com as palavras que proferimos. Novamente, definir nossos termos e discernir como os outros estão usando os mesmos termos é crucial. É verdade (e, às vezes, um ponto ignorado) que termos como *orientação* e *gay* são usados para sig-

Apêndice 2: Atração homossexual: três bases

nificar mais do que atividade sexual ou desejo sexual. Podem se referir à preferência de uma pessoa por amizade de pessoas do mesmo sexo, ou à participação de uma pessoa numa comunidade, ou ao deleite de uma pessoa em camaradagem e conversa com pessoas do mesmo sexo. Quando falamos de "orientação" ou "ser gay", podemos estar falando sobre muito mais do que sexo. Mas também devemos ter em mente o fato de que o mundo talvez não entenda *menos* do que sexo, quando usamos esses termos. Por esta razão, prefiro falar de "atração homossexual" ou usar a expressão (não muito idêntica) de Rosaria Butterfield "desejos homossexuais indesejados". Em qualquer maneira que analisemos estes termos – e não podemos evitar a análise de termos (novos termos talvez sejam também necessários) – devemos pelo menos ser claros a respeito do que pretendemos dizer, quando falamos sobre questões tão emocionalmente carregadas e verbalmente complexas.

Nos anos adiante, a igreja será forçada a ponderar atentamente sobre estes assuntos, pensar neles com frequência e, depois, agir. A igreja terá uma *oportunidade* tremenda de ser tardia para falar e pronta para ouvir, manter a Bíblia aberta, bem como o coração, falar a verdade em amor e mostrar verdade e graça. Oremos para que estejamos à altura do desafio e prontos para a oportunidade.

APÊNDICE 3

A Igreja e a Homossexualidade: Dez Compromissos

Das muitas complexidades que envolvem a igreja e a homossexualidade, uma das mais difíceis é como a igreja deve falar sobre homossexualidade. Até entre aqueles cristãos que concordam que a prática homossexual é contrária à vontade de Deus, há pouca harmonia a respeito de *como* devemos falar sobre o assunto como algo contrário à vontade de Deus. Grande parte da discordância existe porque temos em mente muitas pessoas diferentes, quando tratamos do assunto. Há diferentes grupos que podem estar nos ouvindo, quando falamos sobre homossexualidade; e o grupo ao qual pensamos estar nos dirigindo determina o modo como falamos.

- Se estamos falando para elites culturais que desprezam a nós e às nossas crenças, queremos ser ousados e corajosos.

- Se estamos falando para aqueles que lutam contra a atração homossexual, queremos ser pacientes e simpáticos.
- Se estamos falando para pessoas que sofrem por haverem sido maltratadas pela igreja, queremos ser amáveis e humildes.
- Se estamos falando para cristãos vacilantes que parecem estar prontos a comprometer a fé em troca da aprovação da sociedade, queremos ser persuasivos e persistentes.
- Se estamos falando para aqueles que estão vivendo como as Escrituras não querem que vivam, queremos ser francos e solenes.
- Se estamos falando para cristãos beligerantes que detestam ou temem pessoas que se identificam como gays ou lésbicas, queremos ser claros e corretivos.

Então, como devemos falar sobre a homossexualidade? Devemos ser ousados e defensivos ou gentis e ameaçadores? Sim e sim. Depende de quem está ouvindo. Todos os seis cenários sugeridos acima são reais e comuns. E, embora alguns cristãos possam ser chamados a falar para um grupo em específico, devemos ter em mente o fato de que nesta era tecnológica uma pessoa de qualquer dos grupos pode estar nos ouvindo. Isto significa que seremos frequentemente mal compreendidos. Também significa que devemos fazer alguns compromissos básicos uns com os outros e com nossos amigos e inimigos ao falarmos sobre homossexualidade.

Apêndice 3: A igreja e a homossexualidade: dez compromissos

Eis dez compromissos que espero que os cristãos e as igrejas considerem fazer, em sua mente e em seu coração, diante de Deus e de um mundo espectador.

1. Encorajaremos nossos líderes a pregarem toda a Bíblia, versículo por versículo, capítulo por capítulo, para que ensinem todo o conselho de Deus (até as partes impopulares) e evitem falar apenas sobre assuntos que eles apreciam (inclusive os populares).

2. Falaremos a verdade sobre todos os pecados, incluindo a homossexualidade, mas, em especial, os pecados mais predominantes em nossas comunidades.

3. Guardaremos a verdade de Deus, protegeremos do erro o povo de Deus e confrontaremos o mundo, quando ele tentar nos pressionar a adotar seu molde.

4. Chamaremos todas as pessoas à fé em Cristo como o único caminho para o Pai e o único caminho para a vida eterna.

5. Falaremos a todas as pessoas sobre as boas novas de que Jesus morreu em nosso lugar e ressuscitou para que fôssemos livres da maldição da lei, salvos da ira de Deus e recebidos na cidade santa, na restauração de todas as coisas.

6. Trataremos todos os cristãos como novas criaturas em

Cristo, lembrando-nos uns aos outros de que nossa verdadeira identidade não está baseada em sexualidade ou expressão pessoal, mas em nossa união com Cristo.

7. Estenderemos o perdão de Deus a todos os que vierem em arrependimento sincero, todos desde pecadores homossexuais a pecadores heterossexuais, desde orgulhosos a cobiçosos, desde aduladores a indivíduos cheios de justiça própria.

8. Pediremos perdão quando formos rudes e imprudentes ou brincarmos sobre aqueles que experimentam atração homossexual.

9. Faremos todo esforço possível para sermos uma comunidade que recebe bem todos aqueles que odeiam seu pecado e lutam contra ele, mesmo quando a luta envolver fracassos e reveses.

10. Procuraremos amar a todos em nosso meio, apesar de suas fraquezas e virtudes específicas, por pregar a Bíblia, reconhecer as evidências da graça de Deus, mostrar comportamentos que desonram o Senhor, levar a sério o fazer parte da igreja, exercer disciplina eclesiástica, anunciar a oferta gratuita do evangelho, esforçar-nos juntos por santidade, praticar o "uns aos outros" do discipulado cristão e exaltar a Cristo acima de todas as coisas.

Agradecimentos

Sou agradecido pela maravilhosa família de irmãos em Cristo na University Reformed Church. As orações e o apoio deles são inestimáveis. Agradeço aos presbíteros por sua flexibilidade para com minha agenda. Agradeço especialmente a meus colegas pastores, Bem Falconer e Jason Helopolous, por manterem as coisas em andamento enquanto eu me escondia no escritório.

Minha secretária, Jenny Olson, foi uma ajuda constante, especialmente em colocar minhas anotações em ordem. Andrew Wolgemuth é um fabuloso agente e incentivador. Não sei como qualquer livro da Crossway é escrito sem a notável ajuda de Justin Taylor (talvez não o seja!). Obrigado por ser um grande editor e um excelente amigo.

O QUE A BÍBLIA ENSINA SOBRE A HOMOSSEXUALIDADE?

Várias pessoas muito inteligentes e muito ocupadas separaram tempo para ler meu primeiro manuscrito: Sam Allberry, Matt Anderson, Ron Belgau, Denny Burk, Rosaria Butterfield, Kyle Keating, Andy Naselli, Andrew Wilson, Christopher Yuan e um revisor que preferiu não ser designado. Ainda sou culpado pelos erros, é claro, e tenho certeza de que alguns dos revisores não concordam com tudo que escrevi, mas o compromisso deles aprimorou significativamente o livro. Sou muito grato.

Meus filhos – Ian, Jacob, Elsie, Paul, Mary e Benjamin – animaram meu espírito enquanto o projeto se arrastava. Minha esposa, Trisha, é simplesmente a melhor. O tempo todo. Não mereço tão grande privilégio conjugal.

O Ministério Fiel visa apoiar a igreja de Deus, fornecendo conteúdo fiel às Escrituras através de conferências, cursos teológicos, literatura, ministério Adote um Pastor e conteúdo online gratuito.

Disponibilizamos em nosso site centenas de recursos, como vídeos de pregações e conferências, artigos, e-books, audiolivros, blog e muito mais. Lá também é possível assinar nosso informativo e se tornar parte da comunidade Fiel, recebendo acesso a esses e outros mate- riais, além de promoções exclusivas.

Visite nosso site

www.ministeriofiel.com.br

Esta obra foi composta em Chaparral Pro Regular 12, e impressa
na Promove Artes Gráficas sobre o papel Pólen Soft 70g/m²,
para Editora Fiel, em Março de 2021